AS LINGUAGENS DA COMIDA

AS LINGUAGENS DA COMIDA

receitas, experiências, pensamentos

Phorte
editora

São Paulo, 2015

As linguagens da comida
receitas, experiências, pensamentos

© 2007 Scuole e Nidi d'Infanzia
Istituzione del Comune di Reggio Emilia
e Reggio Children

REGGIO CHILDREN
Centro internazionale per la difesa e la promozione
dei diritti e delle potenzialità dei bambini e delle bambine

www.reggiochildren.it
info@reggiochildren.it

As linguagens da comida:
receitas, experiências, pensamentos

Phorte
editora

Copyright © 2015 by Phorte Editora
Rua Treze de Maio, 596
Bela Vista – São Paulo – SP
CEP: 01327-000
Tel./fax: (11) 3141-1033
Site: www.phorte.com.br
E-mail: phorte@phorte.com.br

RED SOLARE.
BRASIL

Av. Tancredo Neves, 620
Condomínio Mundo Plaza, Sala 1005
Caminho das Árvores – Salvador – BA
CEP 41820-020
Tel: (71) 3036 3009
Site: www.redsolarebrasil.com.br

CIP-BRASIL. CATALOGAÇÃO-NA-FONTE
SINDICATO NACIONAL DOS EDITORES DE LIVROS, RJ

L727
As linguagens da comida : receitas, experiências, pensamentos / [Ilaria Cavallini, Maddalena Tedeschi ;
adaptação Marília Dourado, Cristiane Mara Cedra Picerni ; tradução Thais Helena Bonini]. – 1. ed. –
São Paulo : Phorte, 2015.
116 p. : il. ; 23 cm.

Tradução de: I linguaggi del cibo
ISBN 978-85-7655-561-2

1. Crianças – Nutrição. 2. Culinária. I. Cavallini, Ilaria.

15-19568   CDD: 641.5622
                  CDU: 612.39-053.2

phr002

Este livro foi avaliado e aprovado pelo Conselho Editorial da Phorte Editora.
(www.phorte.com.br/conselho_editorial.php)

Impresso no Brasil
Printed in Brazil

As linguagens da comida
receitas, experiências, pensamentos

curadoria de:
Ilaria Cavallini e Maddalena Tedeschi

com a colaboração de:
Aurelia Bottazzi, Alessandra Fabbri, Stefano Sturloni, Lorella Trancossi, Sergio Spaggiari e Vea Vecchi

com as cozinheiras das Creches e das Escolas da Infância:
Marzia Anceschi, Sabrina Balzani, Cinzia Bartoli, Antonella Bedogni, Patrizia Beltrami, Silva Bezzecchi, Tiziana Bini, Loretta Borghi, Gianna Bozzato, Grazia Caiazzo, Elisabetta Codeluppi, Grazia Crescenzo, Rosanna Fadda, Enrica Fattori, Monica Ferretti, Armida Ferri, Cristina Galaverni, Caterina Giampellegrini, Edies Gilioli, Rachele Grimaldi, Rosanna Iemmi, Fabrizia Lorenzani, Monica Montanari, Luigia Soragni, Manuela Taddei, Franca Ugolotti, Nunzia Urraro, Mariella Zaccarelli, Ivana Zobbi, Antonella Zoni, com a consultoria da nutricionista Anna Maria Benassi

condução das experiências:
Creche Bellelli, Creche Picasso, Creche Rodari, Escola da Infância Allende, Escola da Infância Balducci, Escola da Infância Diana, Escola da Infância Freire, Escola da Infância Gulliver, Escola da Infância XXV Aprile, Escola da Infância Villetta

direção artística:
Rolando Baldini

projeto gráfico:
Marco Appiotti

coordenação editorial:
Lorella Trancossi e Annamaria Mucchi

edição:
Michela Bendotti

iniciativa e coordenação da edição em português:
RedSOLARE Brasil

tradução:
Thais Helena Bonini

revisão técnica da edição brasileira:
Marilia Dourado

nutricionista:
Cristiane Mara Cedra Picerni (CRN3 – 19.470)

foto de capa:
Vea Vecchi

fotografia:
Arquivos do Centro de Documentação e Pesquisa Educativa, Centro Video, Escolas e Creches da Infância – Instituição do Município de Reggio Emilia, Remida, Reggio Children

desenhos de:
Meninos e meninas
Escolas e Creches da Infância – Instituição do Município de Reggio Emilia

agradecimentos:
Assessorato Scuola Università Giovani, Município de Reggio Emilia, Servizio Igiene Alimenti e Nutrizione (SIAN), AUSL Reggio Emilia, Associação Internacional Amigos de Reggio Children

um agradecimento especial para:
Cozinheiras, auxiliares, meninas, meninos, pais, professoras, atelieristas e pedagogistas das Creches e das Escolas da Infância

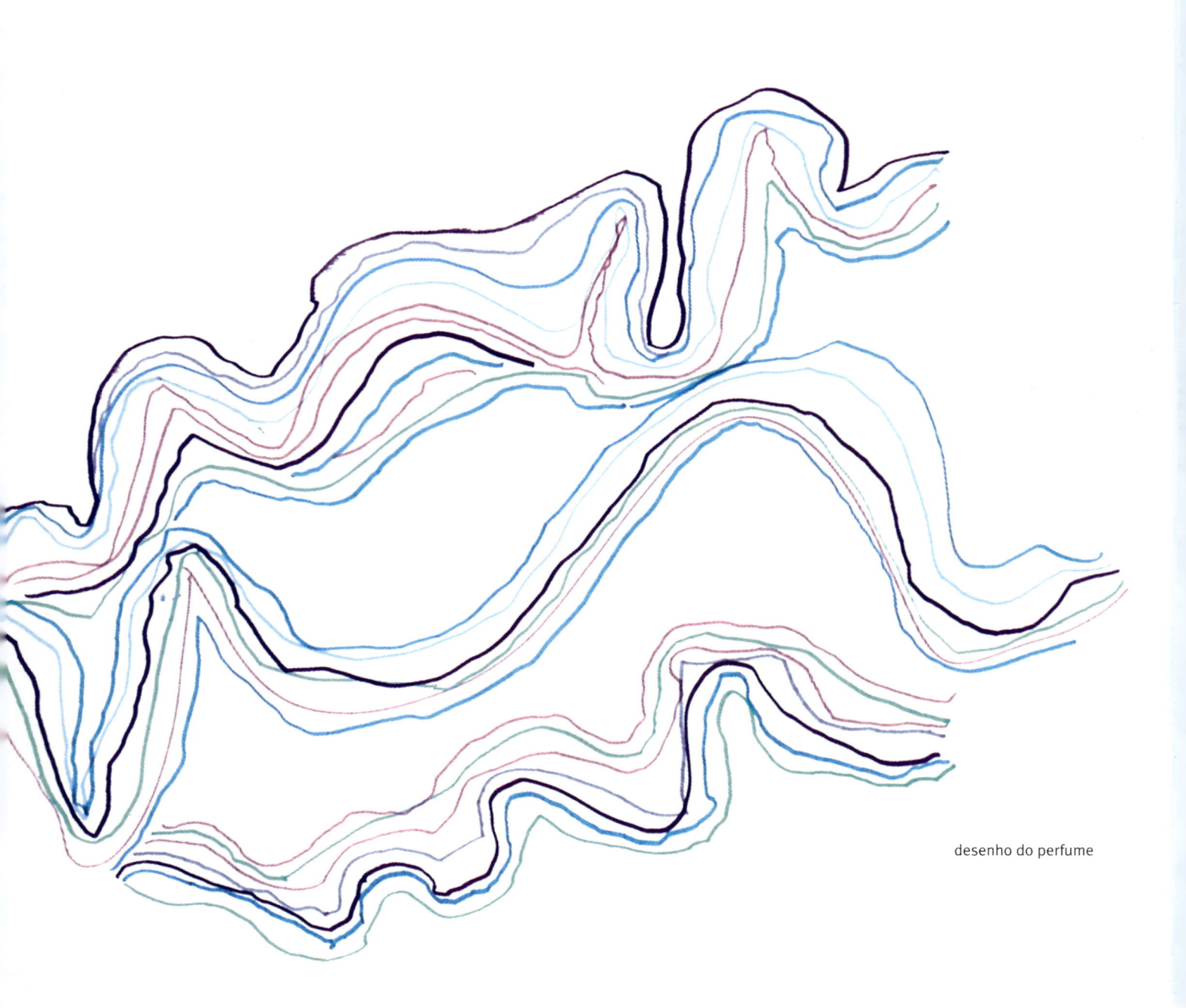

desenho do perfume

APRESENTAÇÃO

Apresentação à edição brasileira

Marilia Dourado

Representante Nacional da RedSOLARE Brasil
Membro do Network International Reggio Children, Itália
Membro do Conselho da RedSOLARE América Latina

Quantas linguagens tem a comida? O que os alimentos comunicam? O que revelamos com as escolhas que fazemos para a alimentação? Qual a relação da alimentação com a educação?

Este livro é um convite à escuta atenta e sensível de uma educação por inteiro, que envolve crianças, educadores (incluindo aqui todos os que trabalham em uma escola, em especial, as cozinheiras) e famílias na construção diária da formação humana alicerçada em escolhas, ações e reflexões.

As experiências com alimentação em Reggio Emilia, cidade de referência para educação mundial, tocam no âmago de crianças, de famílias e de educadores brasileiros que compreendem o ser humano integral e integrado, defendendo o alimentar-se como um ato de vida, bem-estar, conexão...

Educação e alimentação são vida e, também, história e cultura! E, desde muito pequenos, a alimentação nos conecta com nossa comunidade local e global, conecta-nos com o outro e com nossa consciência, expandindo nosso olhar.

Um olhar que nos conecta para a comida como parte da vida de todo ser humano, como indispensável à existência, e nos ensina que o caminho que escolhemos provoca unidade ou fragmentação, revela identidade ou massificação, comunica o que somos na essência, em nosso tempo, no equilíbrio, na diversidade, o que constrói nossas memórias do vivido.

Memórias em relação a sabores, cheiros, sons, texturas e cores, que passam a ser um ponto de apoio para vínculos, afetos, valores e crescimento, desenvolvimento... Valores esses que estão presentes nesta publicação intencionalmente como escolha política e que, como representante da RedSOLARE no Brasil, escolhi difundir e defender como inspiração e diálogo nas escolas brasileiras.

A importância de nutrir esses valores na escola significa a defesa de uma educação humanizada e da escola como espaço de coletividade, que, por meio de suas escolhas, convida a pensarmos nos alimentos que consumimos e nos modos de preparação da comida como uma forma, inclusive, de conectarmo-nos uns aos outros, em um país que tem, ao mesmo tempo, uma grande fartura de cores e de sabores, mas uma população que ainda passa fome. Um país, portanto, com os mais diferentes contextos sociais, tanto de carência como de privilégios.

Convido-os, portanto, para uma leitura transformadora, que chama a atenção, instiga a curiosidade, a exploração e a investigação de todas as crianças, mesmo as bem pequenas, possibilitando muitas oportunidades educativas e valiosas aprendizagens.

Deleite-se nesta leitura que alimenta o corpo e a alma.

Sumário

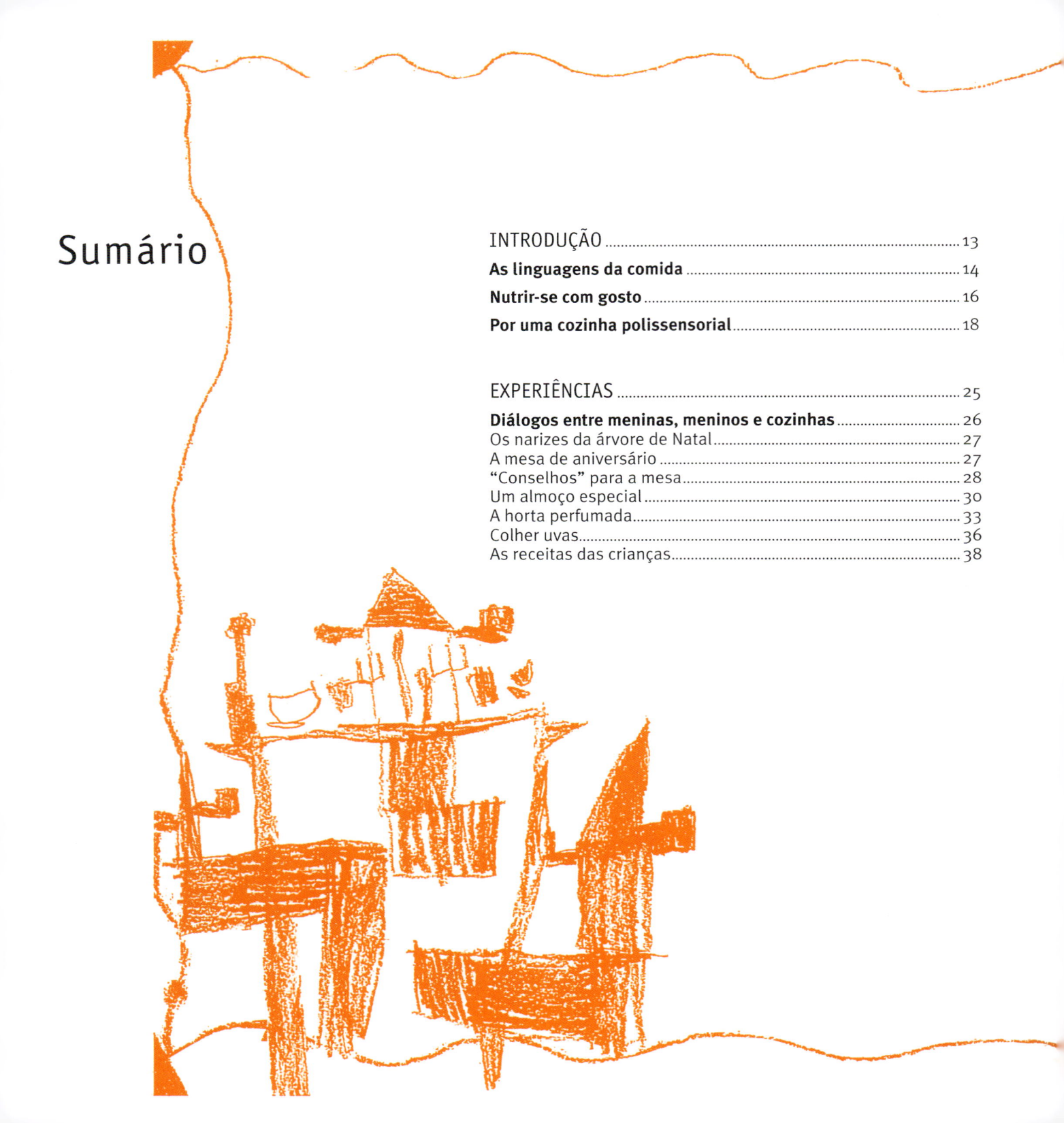

INTRODUÇÃO

As linguagens da comida

Sergio Spaggiari
Diretor de Escolas e Creches da Infância
Instituição do Município de Reggio Emilia

Nos últimos vinte anos, também em nosso país (na Itália), onde está arraigada fortemente uma tradição culinária diversificada e rica, no berço da "dieta mediterrânea", surgiram, sempre de maneira mais evidente, os limites de um "bem-estar nutricional" excessivo e sem controle. Desde o controle das sementes até a reciclagem dos resíduos orgânicos, a discussão é relativa à produção, à distribuição, à venda e ao consumo da comida. Muitas são interrogações culturais, econômicas e políticas que ficam em aberto.

Segundo estimativas da Organização Mundial da Saúde (OMS), na Itália, 4% das crianças e dos adolescentes são obesos; 26,9% dos meninos e 21,2% das meninas entre 6 e 17 anos já estão com sobrepeso, e o fenômeno está em crescimento. A faixa etária majoritária de excesso de peso está entre 6 e 9 anos.

Nesse contexto, insere-se a escolha feita há diversos anos pelas Creches e pelas Escolas da Infância de Reggio Emilia de introduzir, na alimentação infantil consumida na comunidade, princípios nutricionais capazes de ajudar a determinar a saúde e o bem-estar das pessoas. A intenção é, tanto hoje como no passado, apoiar a construção de uma ligação entre as crianças e a comida, conscientes de que não é possível estar à mesa sem prestar atenção à qualidade da comida, à autenticidade e à segurança dos alimentos, à procedência dos produtos, à quantidade de gorduras e de açúcares, à variedade das comidas.

Os comportamentos alimentares mais frequentes em nossa sociedade evidenciam atitudes certamente não virtuosas (refeições rápidas, ausência de frutas e de verduras, consumo excessivo de lanches, fobia de novas comidas etc.), que confirmam a urgência de intervenções educativas capazes de fazerem crescer, desde a primeira idade, a cultura de uma alimentação saudável e correta.

Por isso, compartilhamos com as autoridades de saúde local um trabalho de constante desenvolvimento e adequação dos cardápios, valorizando a preciosa contribuição das cozinheiras, para desenvolver um rico e variado livro de receitas, baseado em linhas já consolidadas no plano científico (alimentos naturais, cereais, verduras, legumes, frutas frescas, leguminosas, peixes etc., mas, sobretudo, muita variedade e com base na sazonalidade).

É inútil recordar que a principal finalidade das escolhas alimentares feitas é a de obter, acima de tudo, o máximo agrado das crianças, obviamente, por meio de um compromisso paciente e gradativo de educação para o paladar. Sacudir a preguiça gustativa das crianças e, também, dos adultos não é um empreendimento fácil.

Pensamos que a carta vencedora pode ser jogada no plano da bondade das comidas, da gratificação sensitiva e da satisfação gustativa; enfim, é justo permitir às crianças que descubram a riqueza incomensurável que um bom prato consumido em boa companhia pode dar... porque, também na escola, a mesa quer dizer saúde, prazer e convivência.

Nutrir-se com gosto

Alessandra Fabbri

Dirigente do Serviço de Higiene de Alimentos e Nutrição
Serviço de Saúde Regional (AUSL) de Reggio Emilia

A defesa da saúde passa, em larga escala, por uma alimentação variada e completa, oferecendo às crianças alimentos naturais e simples, variando frequentemente o cardápio, evitando, assim, excessos e carências nutricionais.

Há anos que, em nossas Creches e Escolas da Infância, estamos experimentando os cardápios considerados mais adequados para as crianças; todas as receitas que vocês encontrarão incluem alimentos simples e de fácil digestão.

Mas é preciso não esquecer que, entre os fatores importantes que ligam o homem à sua nutrição, há o princípio do prazer: o prazer derivado do uso dos sentidos, mas, também, o prazer da descoberta, o prazer de manipular matérias-primas para criar alimentos, o prazer da brincadeira e o prazer da companhia que, na mesa, torna-se convivência.

Ao formular este livro de receitas, levou-se em consideração não somente as orientações para uma alimentação correta (INRAN, 2003) e os Níveis de Elevação Recomendados de Energia e Nutrientes (LARN [na sigla em italiano]) para a população italiana, mas, também, e de maneira relevante, o gosto do alimento, que não é dado somente por seu sabor e seu perfume, mas por como é lido ou interpretado pela época, pelo território ou pela comunidade na qual está inserido.

Na descoberta e no compartilhamento de culturas alimentares diversas que pertencem a uma escola cada vez mais multiétnica, nasce a exigência de aprofundamento dos conhecimentos recíprocos, de estimular diálogos e trocas multiculturais também sobre a comida.

Esperamos que este livro de receitas possa envolver as famílias e as escolas na realização e na divulgação de iniciativas de educação alimentar voltadas às novas gerações, para que crianças e adolescentes possam posicionar-se de maneira crítica com relação a novos "conformismos alimentares" ligados a sugestões comerciais, publicitárias e televisivas.

O trabalho apresentado aqui pretende convidar pais e filhos para uma mesa alegre e gostosa, um dos caminhos possíveis para que uma alimentação saudável e equilibrada possa tornar-se um hábito difundido.

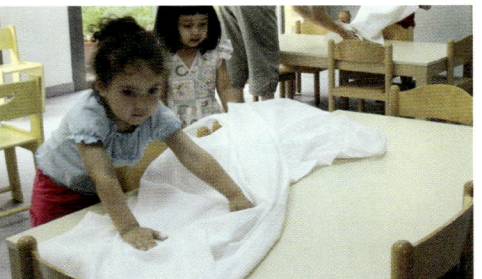

Creche Rodari

Por uma cozinha polissensorial

Maddalena Tedeschi

Pedagogista das Escolas e Creches da Infância
Instituição do Município de Reggio Emilia

As cozinhas das Creches e das Escolas da Infância de Reggio Emilia representam, desde sempre, lugares preciosos e que qualificam a própria identidade dos serviços, capazes de veicularem valores e escolhas e de sustentarem todo o projeto pedagógico. Lugares de grande força simbólica e cultural, capazes de expressar cuidado, atenção pelo outro, valor pelas diferenças de hábitos e de tradições.

O projeto de educação alimentar, que deriva de conteúdos e estratégias comunicativas, tem a tendência, acima de tudo, de criar bem-estar nas crianças e nas famílias, promovendo uma relação equilibrada entre saúde, gosto e prazer de estar à mesa, valendo-se, também, da contribuição de todos os atores institucionais e de todas as competências oferecidas pelo território.

As cozinhas, bem como os refeitórios, os ateliês, as seções, as "praças", os jardins, são lugares de vida e de relações possíveis, espaços vitais habitados cotidianamente por adultos e crianças, espaços de pensamento, de pesquisa e de conhecimento.

O projeto arquitetônico das Escolas e das Creches da Infância enfatiza a centralidade da cozinha no projeto pedagógico, colocando-a em um espaço central, visível desde a entrada, como metáfora de acolhimento; com paredes transparentes, iluminada e bem-cuidada, torna visível o processo cotidiano de cuidado na preparação dos almoços e dos lanches para as crianças e os adultos.

A identidade das cozinhas e as suas modalidades de trabalho se estruturam, indagando, de maneira sistêmica e participativa, sobre núcleos de problemas emergentes com uma atenção especial à contemporaneidade.

O controle de qualidade das matérias-primas é importante, favorecendo escolhas de produtos provenientes de cadeias produtivas controladas e privilegiando cultivos orgânicos ou aqueles que têm sido cultivados naturalmente. Matérias-primas e preparações que não traiam a simplicidade da origem, nem o sabor dos alimentos.

A vitalidade dos produtos define seu frescor e sua plenitude de sabor, mas também resume em si a própria paixão dos produtores locais e a forte ligação com um território que expressou, ao longo do tempo, opções fortes em direção à qualidade, tradição e territorialidade que orientam também o modo de preparo dos alimentos.

O controle da manipulação, da conservação e da preparação dos alimentos corresponde a critérios e protocolos de trabalho, expressão de competências técnicas que aceitaram influências contínuas pela história culinária do território, mas, também, pela criatividade individual das cozinheiras, gerando investigações, combinações e invenções gastronômicas.

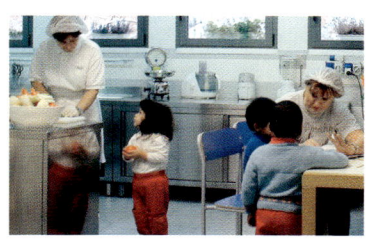

Outro aspecto é relativo à criação de oportunidades de aprofundamento relacionado a valores sociais e aos significados psicológicos da alimentação. Na convicção de que a comida ajuda a definir a identidade cultural e pedagógica de nossas Instituições e coloca à prova a sua capacidade de acolher as provocações da contemporaneidade, projetamos percursos de reflexão sobre os novos saberes da ciência gastronômica e sobre os novos modelos alimentares interculturais.

A ambição é a de atualizar e coparticipar os conhecimentos, acolher as instâncias mais atuais, consumir o alimento de maneira mais consciente, promover uma dimensão mais complexa e simbólica da alimentação e da sua socialização.

As cozinhas afirmam cotidianamente a possibilidade de criar uma cultura compartilhada, espaço de negociação e de confronto entre adultos, entre adultos e crianças, entre crianças, pela comida como condição essencial à vida.

Contudo, as cozinhas são, também, laboratórios abertos e acolhedores, capazes de acolher os projetos especiais das crianças e dos adultos, os momentos de festa e as desambientações de um almoço no jardim, as noites úteis para resolver conflitos e estreitar novas alianças com as famílias. Laboratórios nos quais a comida é nutrição do corpo, mas, também, da mente, dos olhos, do nariz e das emoções.

As cozinhas são lugares em que é possível refletir sobre hábitos e modelos culturais com atenção e respeito, para contribuir com a afirmação de um novo humanismo, pleno de sensibilidade ecológica e capacidade de escuta do ambiente e de todos os sujeitos em relação.

Nossos serviços voltados para a primeira infância têm uma grande responsabilidade ao construir, com as famílias e com a comunidade, os hábitos alimentares das crianças. Com a compreensão de que todas as crianças, mesmo muito pequenas, têm grandes capacidades autorregulatórias no que diz respeito à comida, acreditamos que é função dos adultos oferecer boas ocasiões para encontrar comidas adequadas em relação à quantidade e à qualidade, para que cada criança possa construir uma espécie de diálogo autônomo e um percurso pessoal de hábitos alimentares e de gosto, respeitando-se, também, escolhas religiosas e indicações médicas.

O almoço na creche assume valor especial na experiência de vida das crianças e das suas famílias, uma relevância forte, dada pela expectativa de construir novas dimensões de vida pessoais e familiares.
A entrada das crianças na creche, muito frequentemente, torna-se ocasião de confrontos entre os adultos que se ocupam dos pequenos de maneira variada, portanto, pais, avós, pediatras, cozinheiras e professoras que, juntos, criam um estreito diálogo sobre a educação alimentar.

O Jardim das Ervas, Casola di Valsenio (Ravenna); dia de formação para cozinheiras, auxiliares, professoras, atelieristas e pedagogistas

Da esquerda: encontros na cozinha com os pais na Creche Picasso e na Creche Rodari; momentos de formação para as cozinheiras

A transição das dimensões comunicativa, simbólica e experiencial vividas no seio familiar para a dimensão comunicativa na creche abre possibilidades para reflexões sobre como a criança se alimenta e o que ela ingere. Nesse contexto relacional, os saberes se confrontam sobre os diversos aspectos da alimentação: os nutricionais, os emocionais, os simbólicos, com a intenção de gerar bem-estar e consciência também para o futuro.

Alessi Bambino, arranjo da mesa.
Projeto dirigido por Laura Polinoro –
Centro de Estudos Alessi, com a consultoria da
Reggio Children
Design de Lorenza Bozzoli e de Massimo Giacon

A creche se oferece como lugar privilegiado para iniciar, de acordo e em confronto com a família, um novo percurso de conhecimento cognitivo e emotivo sobre a comida e a alimentação, para ser vivido com crianças, pais e creche. Enquanto isso, acolhe as diversas escolhas alimentares, apoiando, também, a amamentação. O desmame é um momento muito delicado e rico de significados e de possibilidades, em que a comida se torna metáfora do encontro com o mundo, com o outro. São construídos hábitos alimentares que procuram o equilíbrio entre tradição, estilo de vida, bem-estar, prazer, desejo de relação com novos significados e novas escolhas.

O cuidado pelas degustações, pela *boa* e *bonita* composição do prato, pela estética da preparação da mesa, o prazer de poder compartilhar o almoço com os amigos, a oportunidade de conhecer a cozinha como laboratório polissensorial são estratégias importantes para criar uma valorização do grupo e um acolhimento com relação a todos.

Essa sensibilidade difundida para todas as ações do nutrir e do nutrir-se acaba se tornando condição essencial e compartilhada de cuidar de si e dos outros. A informação e a formação representam ocasiões fundamentais, capazes de gerar e manter ativos nos professores, nas cozinheiras e nas famílias os saberes necessários e os contextos capazes de acolher atitudes inovadoras de pesquisa.

Os numerosos encontros de formação participada sobre as temáticas nutricionais, os novos estilos alimentares, mas, também, as tradições e as influências culturais contribuem para tornar mais conscientes todos os sujeitos da estreita relação entre bem-estar físico e psicológico e da forte conotação educativa das muitas linguagens da comida.

prazer
comunicação
crescimento

saúde
relação
identidade

prevenção
emoções
hábitos

conhecimento
consciência
tradições

quantidade
encontro
estilos de vida

qualidade
diálogo simbólico
escolhas

EXPERIÊNCIAS

Diálogos entre meninas, meninos e cozinhas

A estreita relação espacial, emotiva e cognitiva entre crianças, cozinheiras e cozinha oferece muitas oportunidades para dar forma a ideias e a projetos. Acontece de as crianças inventarem receitas para os fantasmas e para bolos de aniversário, cozinharem as receitas das avós ou prepararem lanches com temas para os amigos, para, depois, identificarem procedimentos de trabalho ao medirem os ingredientes, projetarem a horta e cuidarem dela, fazerem indagações sobre as matérias-primas e os alimentos, para transformá-los e repensá-los com cuidado e senso estético.

Trata-se de experiências que passam por um fio sutil entre invenção, prazer, redescoberta das tradições, novas conscientizações e aprendizagens significativas.

Por meio das diversas linguagens expressivas, são identificadas as passagens necessárias para a preparação cotidiana da mesa ou de almoços especiais que exigem mesas perfumadas e alegres, as combinações possíveis de alquimias de sabores, cheiros e cores, de transformação de alimentos, as riquezas de diálogos e comunicações delicadas, de mensagens cheirosas entre as crianças e as famílias.

Escola da Infância Gulliver,
preparação da festa de fim de ano

OS NARIZES DA ÁRVORE DE NATAL

Podemos fazer uma árvore de Natal com flocos e velas.
Lea – 5 anos e 2 meses

Eu colocaria muitos narizes na árvore e, no alto, no lugar da ponta, um nariz gigante. Luca – 5 anos e 5 meses

Podemos cheirar o cheiro de Papai Noel... Martina – 5 anos e 6 meses

Mas nós é que temos que construir o perfume?
Gabriele – 5 anos e 1 mês

Para encantar os pais. Lea – 5 anos e 2 meses

Escola da Infância Gulliver

A MESA DE ANIVERSÁRIO

A mesa de aniversário deve ser especial... Federico – 4 anos e 8 meses

O aniversariante tem que gostar, porque é toda para ele!
Marco – 4 anos e 2 meses

Vamos colocar as coisas mais bonitas! Como bolinhas que brilham...
Cinzia – 4 anos e 5 meses

Escola da Infância Diana

"CONSELHOS" PARA A MESA

Desde os 3 anos, na escola, as crianças têm a oportunidade de participar com os amigos de algumas ações cotidianas que implicam organização de sequências "complexas", como a distribuição de frutas de manhã, de guardanapos, a preparação das mesas para o almoço, a preparação dos colchões para o sono da tarde.

Essas são ações que as crianças fazem com alegria, frequentemente encontrando, com os amigos, soluções e variações divergentes. Entre todas as tarefas, a preparação da mesa para 26 crianças é, certamente, a ação mais complexa.

Uma coisa, porém, é saber colocar em ação uma sequência de gestos, outra coisa é saber contá-la e explicá-la.

A proposta de um grupo de crianças de 5 anos de encontrar uma maneira para "explicar para as crianças de 4 anos" como se faz para preparar a mesa foi uma ocasião para refletirmos juntos sobre o significado de uma série de ações em sequência, como a preparação de um carrinho para servir e a arrumação da mesa e, ao mesmo tempo, para identificar possíveis sistemas simbólicos de representação e de comunicação.

O projeto, iniciado com um pequeno grupo de três crianças, estendeu-se imediatamente para toda a seção, envolvendo as crianças em momentos de discussão, de "verificações com base no real" e de representações gráficas.

Ao término do percurso, foi preparado um "Livrinho de preparação da mesa", para deixar de herança para as crianças de 4 anos.

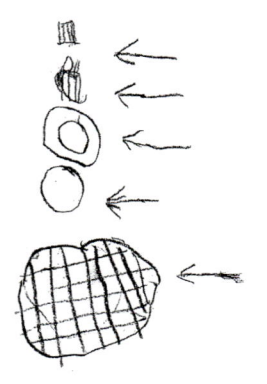

"LIVRINHO DE PREPARAÇÃO DA MESA"

APPARECCHIATURA   DEI   TAVOLI
1 METTERE   TOVAGLIA 2 METTERE
PIATTI   PIANI   3 METTERE PIATTI
FONDI   4 METTERE POSATE 5 METTE
RE   BICCHIERI   6 METTERE BOTTIG
LIE

Preparação das mesas:

1. Colocar a toalha
2. Colocar os pratos rasos
3. Colocar os pratos fundos
4. Colocar os talheres
5. Colocar os copos
6. Colocar as garrafas

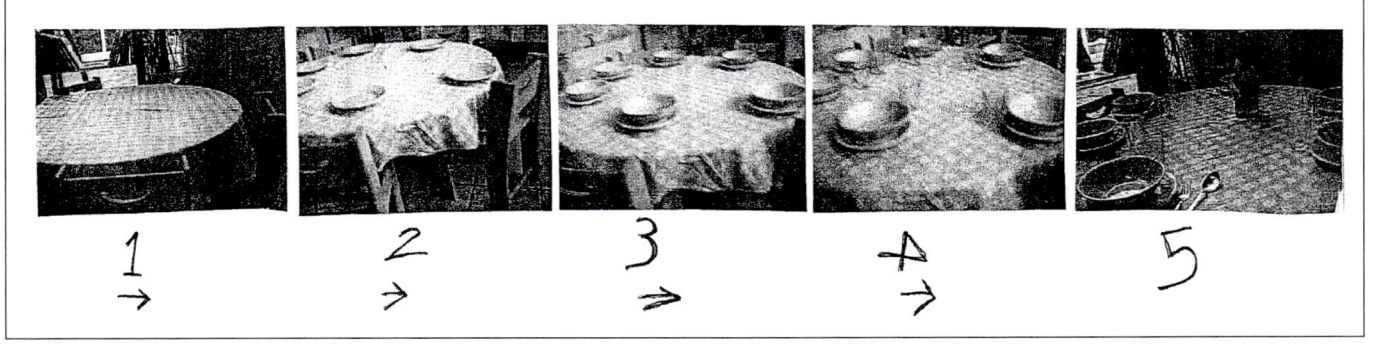

1 → 2 → 3 ⇒ 4 → 5

Creche Rodari

UM ALMOÇO ESPECIAL

É responsabilidade dos adultos criar contextos educativos interessantes, em que o encontro com as situações e os objetos não aconteça de maneira banal ou sem curiosidade. Nesta experiência, as crianças da creche prepararam a mesa de maneira especial. A *mesa-árvore* se torna uma ocasião para enfatizar a empatia entre a vida dos seres vivos e a vida dos alimentos. Poder compartilhar momentos privilegiados, projetados e organizados com cuidado, torna-se um antídoto contra o hábito, dá significado ao cotidiano e fornece melhor consciência a adultos e crianças.

As preparações das mesas especiais representam, na creche também, ocasiões educativas para criar uma pontuação semântica, em que a comunicação é específica, criando novos contextos de sentido. Transformar uma mesa, tornando-a acolhedora com relação a uma árvore amiga das crianças, é uma situação que valoriza o significado da amizade.

Creche Bellelli

A HORTA PERFUMADA

...porque as nossas plantinhas são perfumadas, como a sálvia, a hortelã e o alecrim. Marika – 5 anos e 5 meses

É, porque se colocássemos verduras fedorentas, ela se chamaria "horta fedorenta"! Niccolò – 4 anos e 6 meses

As crianças, graças a uma instintiva empatia com o mundo natural, imaginaram a horta como um lugar vivo, que precisa de cuidados e atenções, que tem emoções e sensações, um lugar de relações possíveis entre crianças e natureza, e entre esses elementos naturais, que parecem revelar capacidades comunicativas secretas e "emocionadas", graças a uma linguagem leve de cores e perfumes.

Enquanto nós estamos do outro lado, talvez elas possam nos contar alguns segredos... Matteo V. – 5 anos e 4 meses

Se escondem com uma especialidade própria, quando têm medo, elas não soltam o perfume... Elisa – 4 anos e 2 meses

O projeto nos permite enfrentar o tema da educação alimentar, recuperando o sentido da relação crianças-mesa-terra, os valores do cuidado, do senso de responsabilidade com relação a tudo o que tem vida, o tempo de espera e o risco do insucesso no cultivo.

O encontro entre as crianças e as paisagistas profissionais, os agrônomos e os cultivadores forneceu informações históricas e culturais, mas, também, práticas e técnicas.

Escola da Infância Balducci

Nasceu uma composição verde, na qual os motivos da prática viram compromisso com a grande atenção estética que está sempre presente nas propostas das crianças.

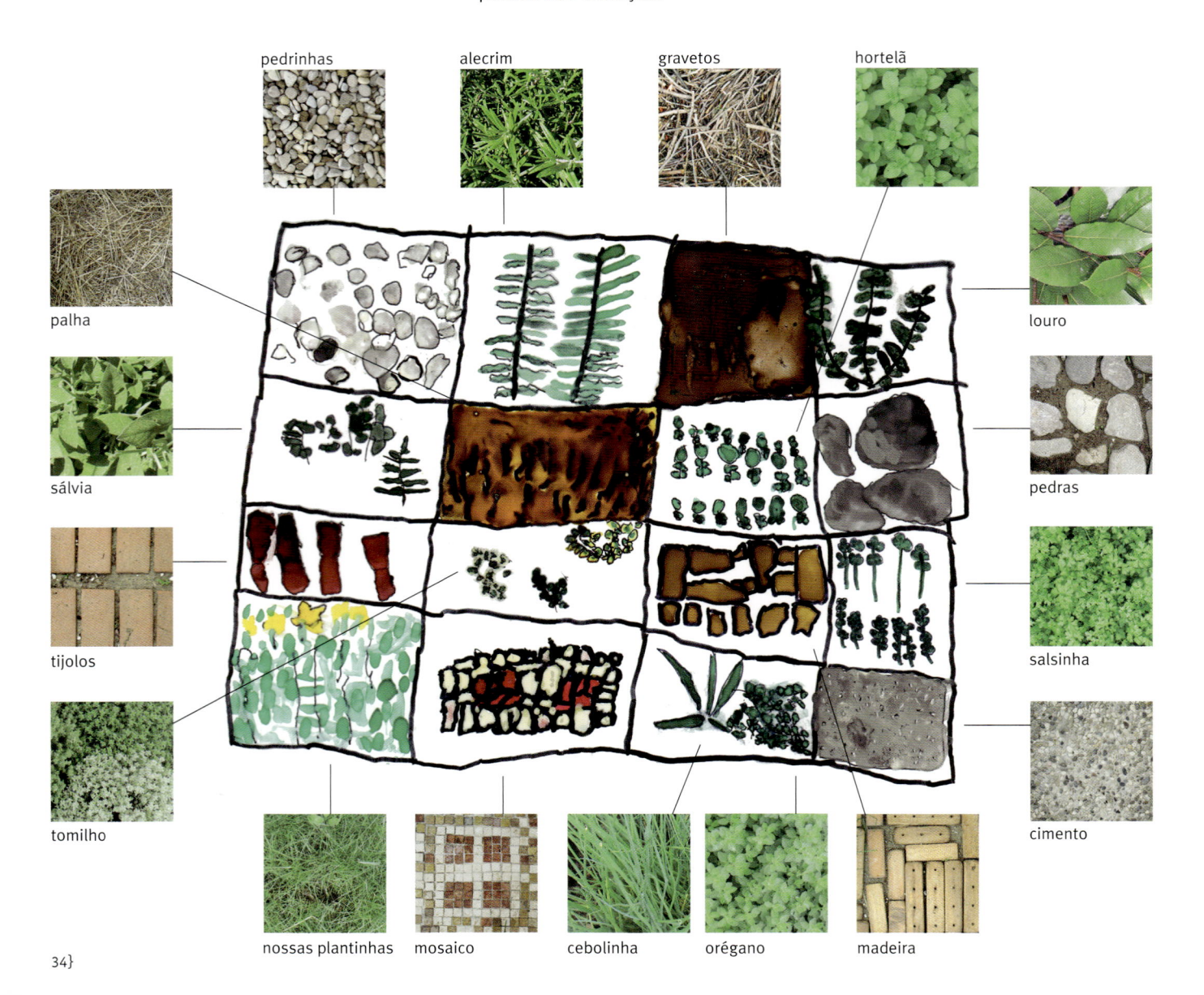

pedrinhas

alecrim

gravetos

hortelã

palha

louro

sálvia

pedras

tijolos

salsinha

tomilho

cimento

nossas plantinhas

mosaico

cebolinha

orégano

madeira

Porque, senão, as verduras seriam todas misturadas e nós poderíamos errar e dar a Patti a verdura errada; depois, ela podia dizer: "Mas eu queria o tomilho, esta é a sálvia!" Matteo C. – 4 anos e 8 meses

Perto de uma verdura tem um tijolo. Francesco – 4 anos e 9 meses

Assim é menos difícil para a gente regar. Niccolò – 4 anos e 6 meses

A horta feita pelas crianças

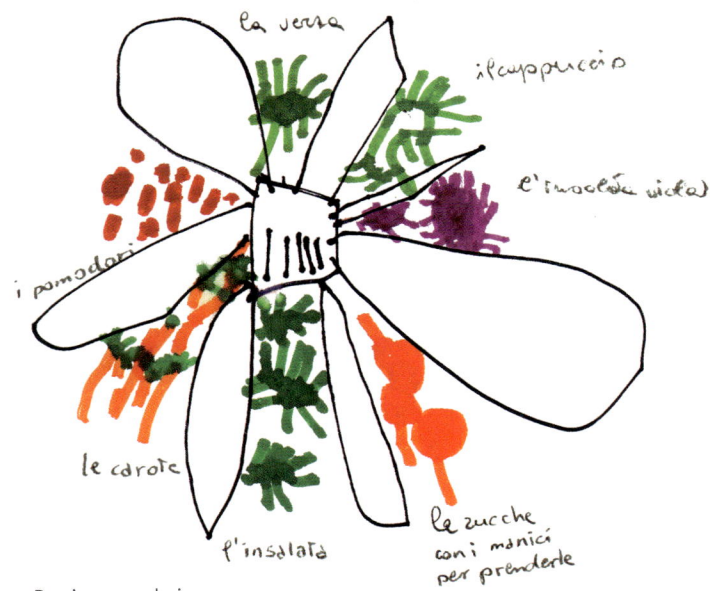

De cima para baixo,
no sentido horário:

A couve
O repolho verde
As folhas roxas
As abóboras, com o caule,
para pegá-las
A alface
As cenouras
Os tomates

As amizades entre os vegetais,
identificadas por meninas e meninos

COLHER UVAS

Após poucos dias do início das aulas, a natureza, com as suas estações, repropõe o tema da colheita de uva, um tema e um encontro antigos que pertencem à história de nossa terra* e de nossa tradição camponesa.

O encontro entre as crianças e a experiência de colheita representa, seguramente, uma festa e uma brincadeira: as crianças de hoje, habituadas a consumir produtos prontos, gozam de ganhos inesperados. Têm a oportunidade de encontrar protagonistas inusitados e dialogar com lugares incomuns, compartilham narrações que tomam forma, atingindo a memória coletiva, as lembranças familiares e de amizades, até as tradições longínquas no tempo, e dão sentido à sua história, inserindo-a em uma história mais longa.

As crianças observam, fazem perguntas e experiências, constroem conhecimentos que lhes permitem compreender o ciclo vital das coisas, dos seres vivos nas suas transformações.

Descobrem, assim, o cansaço do trabalho, a espera, o dilatar-se do tempo, a empatia e o prazer das coisas.

* NE: Alusão à Itália.

Escola da Infância Villetta

Os brotos, quando ficam grandes, viram uva. Elettra – 4 anos e 8 meses

Temos que tratar bem as plantas da videira, porque, depois, nasce a uva. Manuel – 4 anos e 2 meses

A uva tem as sementinhas pequenas e são verdes, depois, precisa de um pouco de água e de terra e de um pouco de amor, que quer dizer que estamos cuidando da planta: o agricultor deve tratar bem a videira, que quer dizer que deve dar água, senão, seca; precisa dar, então, tantos, tantos cuidados, tanta água. Alessandro – 5 anos e 1 mês

A vovó me mostrou que a uva nasce da barriga da videira. Greta – 5 anos

Escola da Infância XXV Aprile

AS RECEITAS DAS CRIANÇAS

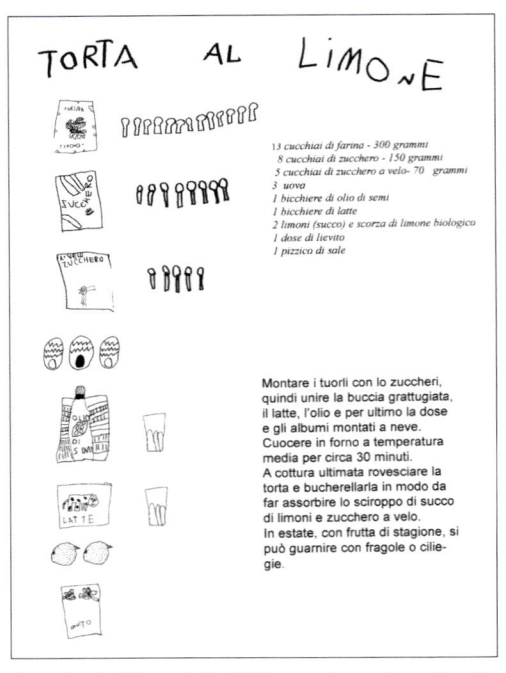

TORTA AL LIMONE

13 cucchiai di farina - 300 grammi
8 cucchiai di zucchero - 150 grammi
5 cucchiai di zucchero a velo- 70 grammi
3 uova
1 bicchiere di olio di semi
1 bicchiere di latte
2 limoni (succo) e scorza di limone biologico
1 dose di lievito
1 pizzico di sale

Montare i tuorli con lo zuccheri, quindi unire la buccia grattugiata, il latte, l'olio e per ultimo la dose e gli albumi montati a neve. Cuocere in forno a temperatura media per circa 30 minuti. A cottura ultimata rovesciare la torta e bucherellarla in modo da far assorbire lo sciroppo di succo di limoni e zucchero a velo. In estate, con frutta di stagione, si può guarnire con fragole o ciliegie.

A receita da "Torta de limão"* e as etapas de realização por parte das crianças
Escola da Infância Gulliver

Página seguinte:
Receita para os fantasmas – "Massa não no caldo"
Escola da Infância Freire

* NT: A receita encontra-se na página 96.

RICETTA PERI FANTASMI

PASTA NON IN BRODO

RICCARDO

ACQUA
FARINA
PANNA
CIOCCOLATO
ZUCCHERO
MIELE
SUCCO D'AR
ANCIA
MENTA

água
farinha
creme de leite
chocolate
açúcar
mel
suco de laranja
hortelã

ALIMENTOS
ALIMENTAÇÃO
NUTRIENTES

Qual pirâmide alimentar?

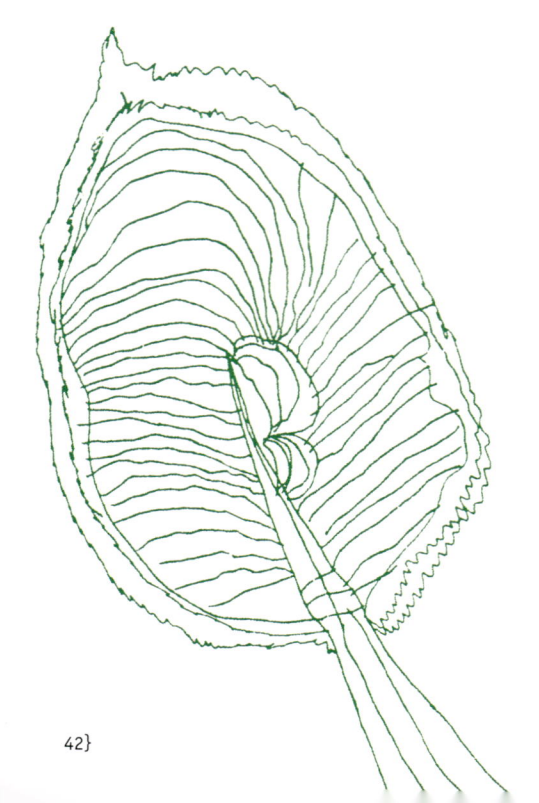

As linhas nutricionais aconselhadas pelo INRAN (Istituto Nazionale Ricerca Alimenti e Nutrizione) são representadas graficamente por uma "pirâmide" que, dividindo os alimentos em grupos alimentares e colocando-os em diversos níveis, orienta a frequência e a quantidade de consumo necessário à construção de uma dieta equilibrada.

O cardápio adotado nas Creches e nas Escolas da Infância interpreta as indicações sugeridas pelo INRAN mediante algumas escolhas importantes. Acima de tudo, aumenta e qualifica a presença de verduras, de legumes, de frutas, de cereais, de leguminosas e de peixes.
A utilização dos cereais e das leguminosas (que são amplamente usados na preparação de acompanhamentos ou se combinam de maneira equilibrada), a apresentação de "pratos únicos" e o aumento de consumo de peixes permitiram manter no cardápio a necessidade diária de proteínas necessárias ao crescimento da criança, mesmo diminuindo o consumo de carne, especialmente bovina.
As verduras e os legumes frescos, escolhidos de acordo com a estação, com mais cuidado na elaboração dos pratos e na sua apresentação, tornam-se preparações que agradam as crianças.
A fruta, escolhida pela sazonalidade e pela variedade, é considerada um elemento importante em toda dieta equilibrada; no nosso cardápio, torna--se uma ótima protagonista do lanche, tanto da manhã quanto da tarde, ou seja, nos lanches mais importantes do dia.
Trata-se inteiramente de fazer escolhas conscientes e compartilhadas, que requerem, sem dúvida, maior tempo de preparação e, consequentemente, comportam modificações tanto na organização do dia das crianças na escola quanto do trabalho na cozinha.

É dada atenção especial à procedência orgânica dos alimentos, orientando as escolhas futuras também nessa direção.
Hoje, toda carne bovina e suína consumida (na Itália) é proveniente de criações orgânicas, ao passo que outros tipos de carne são provenientes de criações nacionais, selecionadas com marca de qualidade e controle da cadeia alimentar. São alimentos orgânicos os ovos frescos e pasteurizados; todas as leguminosas secas; o leite; o iogurte; o queijo fresco; alguns cereais em grãos, como o painço*, a cevada e a espelta; o molho de tomate e os tomates sem pele; os homogeneizados; o mel. Frutas, legumes e verduras são cultivados em parte com método orgânico e em parte com pouca utilização de agrotóxicos ou de pesticidas.
Pensamos que as questões ambientais e ecológicas, ligadas a um sistema

* NT: Cereal típico da China.

de produção alimentar global pouco clarividente (pesticidas, "vaca louca", organismos geneticamente modificados – OGMs, propriedades das sementes, cultivos e criações intensivos, somente para citar alguns exemplos) deveriam encontrar respostas também no mundo da escola e da educação.

GRUPOS ALIMENTARES

Os alimentos, de acordo com as funções que desenvolvem no nosso organismo, podem ser considerados plásticos, energéticos ou protetores: todas são funções necessárias ao desenvolvimento e à manutenção do organismo. É importante manter uma dieta o mais variada possível, capaz de permitir o desenvolvimento das diversas funções fisiológicas, com relação à idade e a condições específicas de cada indivíduo.

FRUTAS, LEGUMES E VERDURAS

Frutas, legumes e verduras são fontes importantes de provitamina A e de vitamina C, de outras vitaminas em quantidade menor, de sais minerais (potássio, fósforo), de fibras, de frutose (açúcar das frutas) e de água.
Desenvolvem, no organismo, uma ação reguladora fundamental (por meio das vitaminas, dos sais minerais e das fibras), hidratante (frutas e verduras são muito ricas em água) e protetora, principalmente de tipo antioxidante (graças à importante presença dos componentes vitamínicos).
A ação antioxidante é necessária ao organismo para combater o desenvolvimento dos radicais livres, aqueles produtos de "descarte" que se formam naturalmente no interior das células (processo de oxidação), capazes de alterar a estrutura das membranas celulares e do material genético, abrindo caminho para processos de envelhecimento e para diversas patologias graves.
Devemos sempre preferir frutas e verduras da estação, se possível, orgânicas. Nas frutas e em alguns outros vegetais (cenouras, tomates, batatas etc.), a casca é a parte mais rica em vitaminas e fibras; se provenientes de agricultura orgânica, é importante oferecer vegetais inteiros, com a casca.

"Odômetro", Escola da Infância Allende

LEGUMES E VERDURAS

POR ESTAÇÃO

OUTONO (ITÁLIA)*
Alcachofra
Alcachofra-de-são-joão
Alface *cappuccia*
Alface-romana
Batata
Beterraba
Brócolis
Cebola
Chicória
Cogumelo
Couve
Couve-flor
Couve-repolho
Erva-doce
Espinafre
Pimentão
Salsão
Tomate

OUTONO (BRASIL)
Abobrinha
Alface
Chicória
Escarola
Espinafre
Rabanete
Radicchio
Tomate

INVERNO (ITÁLIA)*
Alcachofra
Batata
Beterraba
Brócolis
Cenoura
Chicória catalunha
Cogumelo
Couve-flor
Endívia
Erva-doce
Escarola
Espinafre
Radicchio-vermelho
(de Chioggia)
Radicchio-vermelho
(de Treviso)
Radicchio-vermelho
(de Verona)

INVERNO (BRASIL)
Alface
Beterraba
Brócolis
Couve
Couve-flor
Erva-doce
Ervilha
Espinafre
Rabanete
Radicchio

PRIMAVERA (ITÁLIA)*
Abobrinha
Alcachofra da Toscana
Alface *cappuccia*
Alface-crespa
Alface-romana
Aspargo
Batata
Beterraba
Cenoura
Erva-doce
Ervilha
Espinafre
Rabanete
Radicchio de corte
Vagem

PRIMAVERA (BRASIL)
Alcachofra
Alface
Aspargo
Berinjela
Beterraba
Brócolis
Cebola
Cenoura
Cogumelo
Couve-flor
Endívia
Erva-doce
Espinafre
Feijão
Pepino
Pimentão
Rabanete
Vagem

VERÃO (ITÁLIA)*
Abobrinha
Alface *cappuccia*
Alface-romana
Batata
Berinjela
Beterraba
Cenoura
Erva-doce
Feijão
Pepino
Pimentão
Radicchio de corte
Tomate
Vagem

VERÃO (BRASIL)
Abobrinha
Batata
Beterraba
Cebola
Chicória
Chicória catalunha
Pimentão
Salsão
Tomate

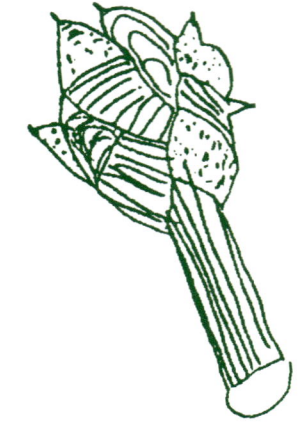

* NT: Região de Reggio Emilia.

FRUTAS
POR ESTAÇÃO

OUTONO (ITÁLIA)*
Caqui
Castanha
Clementina
(variedade de tangerina)
Laranja Miyagawa
Laranja Navelina
Maçã Golden Delicious
Maçã Imperatore
Maçã Stark Delicious
Pera Guyots
Pera Williams
Uva

OUTONO (BRASIL)
Ameixa importada
Caqui
Figo
Kiwi importado
Laranja-baía
Maçã Gala
Pera Kaiser
Pera Williams
Poncã
Uva Rubi

INVERNO (ITÁLIA)*
Clementina
(variedade de tangerina)
Kiwi
Laranja Tarocco
Laranja-pera
Maçã Golden Delicious
Maçã Granny Smith
Maçã Imperatore
Maçã Stark Delicious
Maçã Stayman
Pera Abate
Pera Conference
Pera Decana C
Pera Kaiser (peras com a
casca de tonalidade escura)
Tangerina

INVERNO (BRASIL)
Laranja-baía
Laranja-lima
Laranja-pera
Maçã Fuji
Morango
Tangerina Murcott
Poncã

PRIMAVERA (ITÁLIA)*
Cereja
Maçã Golden Delicious
Maçã Stark Delicious
Morango
Pera Abate
Pera Conference
Toranja

PRIMAVERA (BRASIL)
Ameixa nacional
Castanha
Figo
Frutas silvestres
Laranja-lima
Laranja-pera
Maçã Fuji
Nectarina
Pera nacional
Tangerina Murcott
Toranja
Uva

VERÃO (ITÁLIA)*
Ameixa
Damasco
Figo
Frutas silvestres
Nectarina
Pera Guyot
Pera Williams
Pêssego
Uva

VERÃO (BRASIL)
Ameixa importada
Cereja
Figo
Laranja-pera
Maçã Gala
Nectarina importada
Pera nacional
Pêssego
Uva Itália
Uva Niágara
Uva Rubi

* NT: Região de Reggio Emilia.

{45

Quando

alguém

acorda, deve

tomar leite

logo, senão,

não pode ir

Maicol – 4 anos e 5 meses

para a escola.

CEREAIS, SEUS DERIVADOS E TUBÉRCULOS

Este grupo compreende os cereais (arroz, cevada, painço, espelta, milho, aveia etc.) e os seus derivados (flocos, farinhas, semolinas, massa, pão, polenta, cuscuz marroquino, biscoitos, gressinos*, *focaccias***) que, desde sempre, são a base da alimentação nos países mediterrâneos. Pelo seu alto teor de carboidratos, representam a principal e mais econômica fonte energética para o organismo e, além disso, são ricos em algumas vitaminas do complexo B. A estas se atribui, nos cereais integrais ricos em fibras, uma preciosa ação reguladora das funções intestinais. Têm um médio valor proteico, mas, combinados com as leguminosas, dão origem a uma mistura proteica (por exemplo, arroz e ervilhas, massa e grãos-de-bico, massa e feijões etc.) de valor biológico comparável aos das proteínas de origem animal. Estão presentes, também, alguns sais minerais (cálcio, fósforo, ferro). Com os cereais, os tubérculos (batatas, por exemplo) constituem outra importante fonte de carboidratos e de proteínas de média qualidade.

CARNE,*** PEIXE, OVOS, LEITE E DERIVADOS E LEGUMINOSAS

Esses alimentos se diferenciam pelas suas qualidades e características alimentares específicas, mas todos têm a função principal de fornecer proteínas de qualidade elevada.

A carne fornece proteínas de alta qualidade, sais minerais (sobretudo zinco, cobre e ferro altamente assimilável) e vitaminas do complexo B, principalmente B12, ausente no mundo vegetal. Diferentemente do peixe e dos vegetais proteicos, ela contém ácidos graxos saturados, que, em doses excessivas, provocam um aumento prejudicial do colesterol no sangue.

O peixe, além de ser uma fonte de proteínas de alto valor biológico, é rico em sais minerais (iodo, cálcio, fósforo, cobre, potássio, sódio) e em vitaminas (A, as do grupo B, D, E). Constitui uma alternativa válida para outros alimentos proteicos de origem animal, principalmente porque contém ácidos graxos insaturados, conhecidos também como "limpador das artérias".

Os ovos contêm proteínas de alto valor biológico, gorduras saturadas (entre as quais o colesterol) e insaturadas, sais minerais (cálcio, ferro e, principalmente, fósforo) e algumas vitaminas (A, B1, B2).

A função principal do grupo do leite e derivados (iogurte e queijos) é fornecer proteínas de ótima qualidade, carboidratos (lactose), algumas vitaminas

* NT: Biscoitos típicos da Itália, servidos antes das refeições.

** NT: Espécie de *pizza* italiana, com massa bem espessa e molho de tomate.

*** NE: Incluem-se a bovina, a caprina, aves etc.

(sobretudo B2, A, D), sais minerais (ferro, cálcio em grande quantidade, fósforo, sódio), em forma altamente biodisponível e uma grande quantidade de gorduras, na maior parte saturada, principalmente nos queijos.
Entre os derivados de leite, são particularmente de fácil digestão: o *parmigiano reggiano** e o iogurte, adequados à alimentação das crianças, mesmo durante o desmame. O *parmigiano reggiano*, graças à sua produção especial, não contém lactose e a caseína e os graxos são assimiláveis com mais facilidade. O iogurte apresenta as mesmas características de digestão por causa da adição de bilhões de fermentos lácteos vivos.

As leguminosas (feijões, grãos-de-bico, ervilhas, lentilhas, soja etc.) representam uma importante alternativa proteica de origem vegetal. Têm proteínas de médio valor biológico e relevantes quantidades de carboidratos, de fibras, de vitaminas (K, B1 e A, nas leguminosas frescas), além de fornecerem sais minerais (potássio, enxofre, magnésio, cálcio, ferro).
Já que, nas leguminosas, as proteínas são pobres de aminoácidos sulfurados, se associadas aos cereais (ricos em alguns aminoácidos sulfurados, mas pobres em lisina, que, por sua vez, é abundante nas leguminosas), balanceiam-se, dando lugar a uma mistura proteica completa.

Na casinha, uma vez, tinha um camponês que fazia queijo para nós.

Federico – 5 anos e 3 meses

GORDURAS E ÓLEOS PARA TEMPERO

Este grupo compreende as gorduras para tempero de origem animal (manteiga, margarina, toucinho, banha de porco) e as de origem vegetal (azeite de oliva, óleos, pasta de amendoim, tahine etc.). Constituem uma fonte concentrada de energia, e a sua característica fundamental é a consistente presença de lipídios (ácidos graxos saturados, insaturados e essenciais) e de algumas vitaminas lipossolúveis (vitamina A, na manteiga e no creme de leite; vitamina E, nos óleos vegetais não refinados). O colesterol está presente somente nas gorduras de origem animal e em quantidade variável. Os óleos de origem vegetal, especialmente o azeite de oliva extravirgem, são ricos em gorduras insaturadas. Óleos e gorduras podem ser, em parte, substituídos por ervas aromáticas e especiarias.

ERVAS AROMÁTICAS E ESPECIARIAS

As ervas aromáticas e as especiarias não são consideradas propriamente alimentos, porque são consumidas em pequenas quantidades. Têm a função de perfumar as comidas, exaltar os seus sabores e, em alguns casos, de estimular a atividade digestiva e de permitir a conservação dos alimentos.

* NE: Um tipo de parmesão.

Elementos nutritivos

Todos os elementos nutritivos são igualmente indispensáveis, ainda que em quantidades diferentes. Participam juntos, entrelaçando sempre as próprias funções, para o nascimento, desenvolvimento e manutenção do organismo. Uma boa dieta deve ser dividida diariamente entre 10% e 13% de proteínas, 50% e 60% de carboidratos e 25% e 30% de gorduras, além do consumo diário de vitaminas e de sais minerais, e uma quantidade de 1 a 2 litros de água, de acordo com a idade.

PROTEÍNAS

A principal função das proteínas é a "plástica", ou seja, servem para construir os tecidos do nosso corpo, tanto para o crescimento quanto para a reparação dos desgastes, e são a base da produção de substâncias indispensáveis para o organismo, como hormônios, enzimas e anticorpos. As moléculas das proteínas são constituídas por moléculas mais simples, chamadas aminoácidos (as moléculas de proteínas são formadas por cadeias de cinquenta até mil aminoácidos). São conhecidos, aproximadamente, vinte aminoácidos diferentes; nove deles são chamados essenciais para o nosso organismo, porque podemos obtê-los somente por meio da comida. Nas proteínas de origem animal (carne, peixe, ovos e leite), encontramos os nove aminoácidos essenciais. As proteínas vegetais, pelo contrário, são sempre pobres em um aminoácido essencial (sulfurados nos legumes e lisina nos cereais) e, por isso, são unidas entre si (por exemplo, arroz e feijão) para obter-se uma mistura proteica completa.
Podem ter também uma função energética (cerca de 4 calorias por grama), quando outras fontes de energia são insuficientes.

GLICÍDIOS (CARBOIDRATOS OU AÇÚCARES)

Sua importância vem do fato de que representam a principal fonte energética de todo o organismo (células, aparelhos e órgãos) e são absorvidos e utilizados com facilidade, sem produzir resíduos metabólicos. Permitem, além disso, a manutenção da temperatura do corpo.
São divididos em carboidratos simples, ou monossacarídeos (a glicose e a frutose contidos nas frutas e no mel) e dissacarídeos (a sacarose da beterraba ou da cana-de-açúcar e a lactose contida no leite), e em carboidratos complexos ou polissacarídeos, dos quais são ricos os cereais e os tubérculos (amido e celulose).

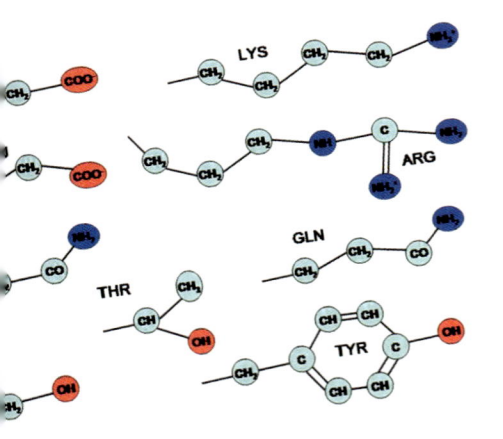

As vitaminas são coisas pequenininhas

Niccolò – 5 anos e 2 meses

FIBRAS ALIMENTARES

As fibras alimentares são carboidratos complexos, não digeríveis, que não têm por si só valor nutritivo ou energético, mas são igualmente importantes para a regulação de diversas funções fisiológicas do organismo.

São constituídas por diversos compostos, dos quais alguns são insolúveis na água e atuam principalmente no trato gastrintestinal, regularizando sua função. Outros compostos, pelo contrário, são solúveis em água e regulam melhor a absorção de alguns nutrientes, contribuindo para o controle do nível de glicose e de colesterol no sangue. As fibras insolúveis estão presentes, sobretudo, nos cereais integrais, nos legumes e nas hortaliças, ao passo que as solúveis são encontradas, principalmente, nas leguminosas e nas frutas.

LIPÍDIOS (GORDURAS)

Os lipídios realizam uma importante função energética de reserva muito concentrada (cerca de 9 calorias por grama, mais que o dobro dos carboidratos e das proteínas), uma função plástica (graças aos fosfolipídios), veiculam as vitaminas lipossolúveis e contribuem para a fabricação de alguns hormônios.

São moléculas orgânicas que têm a característica comum de não serem solúveis em água e se subdividem, de acordo com a sua complexidade, em simples (dos quais os mais comuns são os triglicérides), complexos (fosfolipídios) e derivados (os esteroides, entre os quais, o colesterol). Os ácidos graxos saturados e insaturados (entre estes, os ácidos graxos essenciais, ou vitamina F, que o organismo humano não é capaz de produzir) são os ingredientes que constituem quase todos os lipídios e os ácidos graxos vegetais e animais. As gorduras saturadas são, sobretudo, de origem animal; as insaturadas, de origem vegetal, mas podem ser encontradas nos peixes.

VITAMINAS

As vitaminas têm uma função reguladora essencial (ativam e regulam todos os processos químicos no interior do organismo) e protetora (reforçam os mecanismos de defesa do organismo).

São classificadas de acordo com a solubilidade no organismo, divididas em hidrossolúveis e lipossolúveis. As hidrossolúveis não se acumulam no organismo e, portanto, precisam de um consumo cotidiano. Os compostos reconhecidos como vitamina para o homem são 13, dos quais 4 são lipossolúveis (A, D, E, K) e 9 hidrossolúveis: as 8 do complexo B (tiamina, ou B; riboflavina, ou B2; niacina, ou PP; ácido pantotênico; folacina, ou B6; biotina; e cobalamina, ou B12) e ácido ascórbico, ou vitamina C.

Apesar de as vitaminas estarem ampla e variadamente distribuídas nos alimentos e serem úteis em quantidades muito pequenas (vitamina significa "vida em pequenas quantidades"), somente uma alimentação equilibrada e variada é capaz de garantir as necessidades diárias. Os produtos hortifrutícolas são uma ótima fonte de vitaminas.

SAIS MINERAIS (MACROELEMENTOS E OLIGOELEMENTOS)

São substâncias inorgânicas essenciais, de importância fundamental para o organismo, que agem como reguladores de muitos processos metabólicos e são importantes na construção das defesas imunológicas, nos processos enzimáticos etc., além de atuarem como constituintes de tecidos (por exemplo, cálcio, para os ossos). São divididos em macroelementos e em oligoelementos e, de acordo com a sua presença no organismo, todos desenvolvem funções fundamentais, ainda que consumidos em quantidades reduzidas.

São macroelementos o cálcio, fósforo, magnésio, enxofre, sódio, potássio e cloro, ao passo que o ferro (o qual transporta o oxigênio no sangue), zinco, cobre, manganês, cobalto etc. são considerados oligoelementos.

São uma fonte importante de sais minerais tanto os alimentos de origem animal quanto vegetal.

ÁGUA

Cerca de 60% a 65% do nosso corpo é formado por água (nas crianças, está presente um percentual maior, até 77%, no recém-nascido). É o nosso lubrificante principal. A sua presença é indispensável para o desenvolvimento de todos os processos fisiológicos e as reações bioquímicas que acontecem no nosso corpo. A água faz parte da estrutura de várias substâncias e atua como solvente para a maior parte dos nutrientes (minerais, vitaminas hidrossolúveis, aminoácidos, glicose etc.), desenvolvendo um papel essencial na digestão, na absorção, no transporte e na utilização dos próprios nutrientes. A água é, também, o meio pelo qual o organismo elimina os dejetos metabólicos, e é indispensável para a regulação da temperatura corporal.

Breves conselhos

ESCOLHAS ALIMENTARES

GORDURAS: ESCOLHA A QUALIDADE E LIMITE A QUANTIDADE

Uma dieta equilibrada necessita de certa quantidade de gorduras, que devem, porém, ser consumidas com moderação, já que representam, também, a principal causa do surgimento da obesidade (por ser uma potente força energética), de doenças cardiovasculares e de tumores.

É aconselhável o consumo de gorduras insaturadas de origem vegetal, presentes no peixe e no azeite de oliva extravirgem, o qual deve ser usado, de preferência, cru.

AÇÚCARES NOS LIMITES CERTOS

Os açúcares (referimo-nos aqui aos açúcares simples, monossacarídeos e dissacarídeos) são facilmente absorvidos e utilizados pelo organismo, especialmente se consumidos sozinhos, e provocam, em pouco tempo, um rápido aumento da glicemia (concentração de glicose no sangue), que tende a voltar ao valor inicial em um período mais ou menos longo. Podem ser consumidos nos limites de 10% a 15% das necessidades calóricas diárias, quantidade que alcançamos tranquilamente ingerindo regularmente frutas e leite. Deve-se prestar muita atenção a todos os alimentos que são consumidos frequentemente ao longo do dia, como bebidas açucaradas, sucos de frutas (para os adultos, também as bebidas alcoólicas), lanches e outros doces industriais compostos por açúcares, frequentemente combinados com gorduras animais e vegetais.

Os substitutos do açúcar. Sacarina, aspartame, ciclamatos, acessulfame-K são adoçantes feitos artificialmente. O seu consumo, mesmo no uso corrente, é absolutamente desnecessário, até mesmo nos casos de regimes hipocalóricos, para a redução do peso. São expressamente desaconselhados até o terceiro ano de idade, durante a gravidez e a amamentação.

O SAL COM MODERAÇÃO

O sódio contido naturalmente nos alimentos já pode ser suficiente para as necessidades fisiológicas, sem acréscimos posteriores. O consumo exagerado de sal representa um fator de risco para as doenças cardiocirculatórias e um cofator responsável por tumores no estômago e nas vias digestivas.

É apropriado não acrescentar sal na comida das crianças por todo o primeiro ano de vida e manter, mesmo depois, quantidades mínimas. Na cozinha, uma ótima oportunidade é oferecida com o uso de ervas aromáticas e de especiarias, que dão um aroma mais intenso às comidas, permitindo um uso inferior de sal e melhorando as qualidades organolépticas dos alimentos.

A IMPORTÂNCIA DA ÁGUA

No organismo humano, a água representa o elemento essencial para a manutenção da vida e, portanto, é fácil intuir que manter um equilíbrio "hídrico" correto é fundamental para conservar um bom estado de saúde. As crianças e os idosos estão mais expostos ao risco de desidratação. É importante beber frequentemente, em pequenas quantidades, longe das refeições, evitando água gelada e possíveis consequentes congestões. O equilíbrio hídrico deve ser mantido bebendo principalmente água, porque bebidas diferentes (refrigerantes, sucos de fruta, café, chá, cola) contêm, também, outras substâncias (açúcares, edulcorantes, cafeína). Mesmo nas atividades esportivas não atléticas, é importante reintegrar, simplesmente bebendo água, os líquidos perdidos com o suor.

Você precisa comer, porque isso faz crescer!

Camilla – 5 anos

PROCEDIMENTOS

A seguir, serão apresentados alguns procedimentos de manipulação de vegetais, alimentos delicados de serem manuseados.

A LIMPEZA

Saber limpar os vegetais quer dizer respeitá-los. Limpar significa "liberar" verduras, legumes e frutas de talos, de folhas secas, de raízes, e assim por diante. Há operações de limpeza que se definem com termos específicos, como: descascar, tirar a pele, esfoliar, tirar o bagaço. Escovar é a operação preliminar, que deve ser feita para os vegetais que nascem sob a terra ou logo acima dela, por exemplo, batatas e abóboras.

A LAVAGEM

É importante não deixar as hortaliças na água mais que o tempo necessário, para evitar que percam muitos princípios nutritivos, especialmente vitaminas, sais minerais e fibras, além de grande parte do sabor e da consistência. A manipulação de folhas durante a lavagem deve ser delicada, porque elas são frágeis.

O CORTE

Cortar bem os vegetais é importante não somente para uma apresentação bonita no prato, mas, também, para cozinhá-los de uma maneira melhor.
- Cortar: cortar os vegetais em tiras finas, em filamentos, em anéis, em cubos bem pequenos.
- Fatiar: cortar em rodelas ou em pequenas fatias.
- Cortar em bastões ou em cubos: cortar os vegetais no sentido do comprimento, antes, em fatias de espessura variada, depois, em bastões e, enfim, em cubinhos.
- Picar: cortar bem fino, geralmente cebolas, dentes de alho e ervas aromáticas.

A limpeza cuidadosa do ambiente doméstico e de todos os utensílios e aparelhos utilizados é fundamental para combater a eventual presença de bactérias. A multiplicação das bactérias é bloqueada simplesmente com uma conservação dos alimentos na temperatura certa, por isso, é importante verificar sempre as temperaturas da geladeira e do congelador.

Na compra, também é importante seguir algumas regras muito simples:
- as embalagens não podem estar molhadas, cobertas de gelo ou amassadas e os rótulos devem estar bem legíveis;
- transporte os congelados em recipientes térmicos adequados; é aconselhável comprá-los por último, para reduzir ao mínimo o tempo de interrupção da "cadeia do frio";
- os produtos mais perecíveis (por exemplo, os laticínios) devem ser mantidos em temperaturas iguais ou inferiores a + 4 °C, ao passo que os produtos congelados necessitam de uma temperatura equivalente ou inferior a − 18 °C.

O COZIMENTO

O cozimento é um processo de transformação dos alimentos capaz de modificar tanto as qualidades sensoriais quanto as nutricionais:
- aumenta o apetite, já que se formam odores, sabores, aromas que exaltam o paladar;
- amacia a consistência, para favorecer a mastigação e a digestão;
- destrói eventuais bactérias presentes, tornando os alimentos mais higiênicos e seguros;
- torna o alimento passível de conservação;
- desativa algumas substâncias, como os "antinutrientes", naturalmente presentes em alguns alimentos crus.

Contudo, é necessário prestar atenção, porque o processo de cozimento pode provocar efeitos indesejados, como: a perda das vitaminas termolábeis (são sensíveis ao calor a vitamina C e as do grupo B); a destruição de alguns aminoácidos essenciais nos cozimentos prolongados; a dispersão de algumas vitaminas e de alguns sais minerais na água do cozimento; a formação de substâncias nocivas, como a carbonização, no cozimento na grelha, e a formação de polímeros, na fritura. Entre os diversos métodos de cozimento, é muito importante saber escolher o mais adequado ao tipo de alimento, não só para exaltar o seu sabor, mas, também, para manter o seu valor nutricional.

EM ÁGUA

Comporta uma notável perda de vitaminas, porque a grande quantidade de líquido e o tempo prolongado empobrecem o alimento, enriquecendo, ao contrário, a água do cozimento. O cozimento em água é, portanto, uma modalidade funcional para a preparação de sopas e de caldos. Se quisermos apenas cozinhar alimentos que comeremos "secos", é necessário utilizar algumas estratégias para salvar os nutrientes:

limitar a quantidade de água e manter a panela tampada, de modo que a tampa possa proteger os alimentos do ar (evitando os processos de oxidação, com a consequente perda de vitaminas pelo vapor). Se possível, cozinhar vegetais inteiros, para melhor preservação.

Uma fervura rápida, ou escaldadura, permite preservar os princípios nutritivos dos alimentos, que ficam sob o extrato superficial coagulado por efeito do calor.

A VAPOR

Este tipo de cozimento é altamente aconselhado, porque desfruta do calor da água em ebulição (o vapor), preservando da melhor forma os nutrientes dos alimentos, permitindo, além disso, o cozimento sem nenhuma utilização de gorduras.

É importante que a água da panela não alcance os alimentos e que a tampa esteja perfeitamente fechada. Durante o cozimento, para dar sabor às comidas, pode-se acrescentar (normalmente na água) ervas aromáticas ou especiarias.

AO FORNO E *AL CARTOCCIO**

Ótima modalidade de cozimento, porque a comida sofre a ação direta do calor, sem água ou gorduras (no caso de cozimento *al cartoccio*), tornando-se leve e digerível, além de muito gostosa, sobretudo se enriquecida com ervas aromáticas ou especiarias.

OUTROS TIPOS

Outros tipos de cozimento muito frequentes são a fritura, a chapa e a grelha. A fritura é, sem dúvida, o tipo de cozimento mais amado por grandes e pequenos. As contraindicações residem nas altas temperaturas alcançadas durante o procedimento que podem provocar, além da perda de vitaminas, um superaquecimento das gorduras empregadas e a sua divisão, com a consequente formação de produtos tóxicos.

O cozimento na chapa, ao contrário, pode ser aconselhado, mas com algumas condições: é importante não queimar o alimento, não cozinhar pedaços muito espessos (o interior pode ficar cru) e não salgar (para não produzir perda de líquidos).

É preciso, porém, prestar atenção no cozimento com as brasas, limitando ao máximo o contato dos alimentos com a fumaça e as chamas e aumentando sua distância do carvão, que pode causar compostos químicos muito danosos.

*NT: método de cozimento no vapor, no forno, com o alimento envolvido em invólucro.

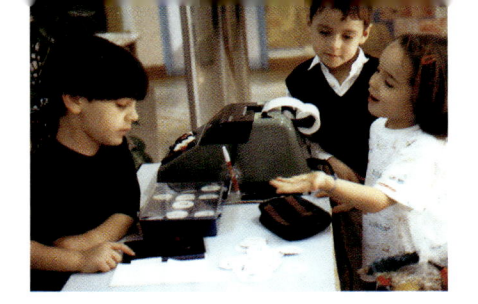

OS RÓTULOS DAS EMBALAGENS DOS ALIMENTOS*

O rótulo deve ser considerado pelo consumidor um aliado, uma espécie de "carteira de identidade" do produto, o primeiro instrumento de "pesquisa" para descobrir o que irá comer. É indispensável ler o rótulo até o fim, porque, justamente nas últimas linhas, podemos encontrar o nome de um aditivo químico ou traços de uma substância que pode causar intolerâncias.

Há, hoje, algumas indicações obrigatórias por lei e outras, infelizmente, ainda facultativas, de acordo com o produtor. As informações devem estar escritas na língua italiana e conter todos os ingredientes em ordem decrescente, de acordo com a quantidade contida. Os aditivos autorizados devem estar assinalados com o nome ou a sigla europeia (por exemplo, sorbato de potássio ou E202): essas são substâncias acrescentadas à comida para conservá-la, para melhor apresentá-la, mudando a cor original natural e o gosto. Não têm nenhum valor nutricional e devem respeitar limites bem precisos, estabelecidos de acordo com a sua eventual toxicidade.

É também obrigatório que o rótulo contenha a quantidade (peso líquido do produto), a data de vencimento, a marca registrada e a sede do produtor, do importador e do distribuidor, o local de origem e de produção. Além disso, está previsto um código que permite identificar o lote de pertencimento do produto, para rastrear as saídas eventualmente defeituosas; para alguns produtos, como, por exemplo, a carne, está prevista, também, a rastreabilidade da cadeia agroalimentar: reconstrói a história do animal desde a sua origem às fases de produção até o fornecedor, indicando-se a origem geográfica e a ausência de OGM nas rações.

Existe uma regulamentação mais específica e detalhada da Comunidade Europeia para a rotulagem dos produtos provenientes de criações ou cultivos "biológicos" e para as "marcas de qualidade", por exemplo, Denominação de Origem Controlada (DOC), Denominação de Origem Protegida (DOP), Identificação Geográfica Típica (IGP).

No setor hortifruti, entrou em vigor um decreto legislativo que dispõe a aplicação de uma série de informações bem visíveis, mesmo na mercadoria exposta, relativas à natureza do produto, origem, variedade, categoria.

É importante também conhecer a origem do material utilizado para embalar os alimentos: papel; alumínio; policloreto de vinila (PVC); lâmina estanhada etc.

* NE: Nesta seção, as informações de legislação atendem ao contexto italiano e europeu.

CADERNO DE RECEITAS

CARDÁPIO-BASE DAS CRECHES E DAS ESCOLAS DA INFÂNCIA

Seguindo as indicações gerais do cardápio-base, cada cozinheira tem a possibilidade de estruturar os almoços e os lanches periodicamente, atingindo uma vasta gama de receitas alternativas e orientando-se de acordo com a sazonalidade dos produtos frescos e sua variação.

Cada cozinha pode expressar a própria originalidade, sempre em um contexto de escolhas alimentares e nutricionais compartilhadas e em evolução.

	SEGUNDA-FEIRA	TERÇA-FEIRA	QUARTA-FEIRA
1ª SEMANA	**ALMOÇO** arroz à parmigiana* omelete com vegetais ao forno vegetal fresco da estação **LANCHE** pão com geleia	**ALMOÇO** massa com vegetais escalopinho de frango ou peru** vegetal fresco da estação **LANCHE** leite integral e biscoitos	**ALMOÇO** sopa/creme de vegetais com macarrão presunto cru purê de batatas **LANCHE** fruta fresca e bolachas água e sal
2ª SEMANA	**ALMOÇO** massa com azeite e parmesão *bruschetta* com vegetais ovo cozido **LANCHE** leite integral e biscoitos	**ALMOÇO** cuscuz (marroquino) ao tomate peixe** gratinado ao forno vegetal fresco da estação **LANCHE** suco de laranja e *focaccia*	**ALMOÇO** arroz com vegetais carne de porco (fatia)** com especiarias vegetal fresco da estação **LANCHE** chá e pão com chocolate
3ª SEMANA	**ALMOÇO** macarrão com caldo de vegetais tortinha de cereais e vegetais vegetal fresco da estação **LANCHE** pão com geleia	**ALMOÇO** massa com temperos peito de frango ou peru** vegetal fresco da estação **LANCHE** chá de hibisco com biscoitos	**ALMOÇO** purê de leguminosas *pizza* **LANCHE** iogurte e pão
4ª SEMANA	**ALMOÇO** massa com vegetais queijo parmesão vegetal fresco da estação **LANCHE** fruta fresca com bolachas água e sal	**ALMOÇO** massa à isolana peixe** gratinado ao forno vegetal fresco de estação **LANCHE** leite integral e biscoitos	**ALMOÇO** sopa de painço almôndegas de vitela** batatas assadas **LANCHE** suco natural e pipoca

* NT: Na Itália, "à parmigiana" significa "à moda da cidade de Parma", não correspondendo necessariamente aos pratos denominados "à parmegiana" no Brasil. Tal prato é semelhante a um risoto.

** Alimentos congelados.

QUINTA-FEIRA	SEXTA-FEIRA
ALMOÇO massa com tomate e ricota almôndegas de leguminosas vegetal fresco da estação	**ALMOÇO** sopa com cevada/espelta peixe** à *pizzaiola* vegetal fresco da estação
LANCHE chá de camomila com torta	**LANCHE** iogurte e cereais
ALMOÇO purê de leguminosas com massa croquetes/tortinhas de batatas vegetal fresco da estação	**ALMOÇO** massa com tomate peixe** ao molho de salsinha vegetal fresco da estação
LANCHE pão com *stracchino* (tipo de queijo fresco)	**LANCHE** fruta fresca e gressinos
ALMOÇO massa com tomate/polenta ensopado** com ervilhas	**ALMOÇO** arroz com vegetais peixe** com batatas vegetal fresco da estação
LANCHE *bruschetta* e suco 100% natural	**LANCHE** leite integral e cereais
ALMOÇO arroz com legumes torta verde vegetal fresco da estação	**ALMOÇO** massa com peixe** (prato único) vegetais cozidos
LANCHE iogurte e gressinos	**LANCHE** chá e pão com ricota

vitalidade

variação

sazonalidade

biológico

pesquisa

equilíbrio

experimentação

cor

transformação

criatividade

diferenças

ÍNDICE DAS RECEITAS

São apresentadas algumas das receitas dos cardápios das Creches e das Escolas da Infância, escolhidas de acordo com a variação e o equilíbrio dos nutrientes. As quantidades das receitas são pensadas para dois adultos e duas crianças.

{pratos principais

CALDO DE VEGETAIS COM MACARRÃO OU ARROZ

INGREDIENTES

Água	1 litro
Batata	2 (médias)
Cenoura	2 (pequenas)
Salsão	1 caule
Grão-de-bico cozido ou feijão fresco	1 concha
Abobrinha	1 (média)
Cebola	1 (pequena)
Louro	1 folha
Cravo	1
Sal	1 pitada
Macarrão ou arroz	160 g
Azeite de oliva extravirgem	2 colheres (sopa)
Queijo parmesão	2 colheres (sopa)

MODO DE PREPARO

Descasque a cebola, deixando-a inteira, lave-a e espete o cravo. Reserve dentro da panela. Lave os demais ingredientes. Corte a cenoura, a batata, a abobrinha e o salsão em pedaços pequenos e junte-os à cebola dentro da panela. Adicione a água fria, o grão-de-bico ou o feijão, o louro e o sal. Após a fervura, cozinhe por 1 hora, aproximadamente. Peneire e ajuste o sal. No caldo obtido, cozinhe o macarrão ou o arroz pelo tempo indicado na embalagem. No fim do cozimento, acrescente um fio de azeite de oliva extravirgem e o queijo parmesão ralado.

VARIAÇÕES

É possível acrescentar no caldo um pouco de parmesão: escolha a parte sem tinta, coloque-a em água morna e rale-a bem. Elimine-a no fim do cozimento.
Para economizar o tempo de cozimento e reduzir a perda de vitaminas e minerais, é possível utilizar a panela de pressão.

PASSATELLI

INGREDIENTES

Farinha de rosca (feita sem a casca do pão)	100 g
Ovo inteiro	2
Queijo parmesão	130 g
Sal	1 pitada
Noz-moscada	1 pitada
Caldo de vegetais	800 ml

MODO DE PREPARO

Prepare o caldo de vegetais, conforme foi indicado na receita anterior. Jogue a farinha de rosca sobre uma superfície plana.
À parte, lave as cascas dos ovos e bata-os num recipiente, com um pouco de noz-moscada e uma pitada de sal; acrescente o queijo parmesão ralado e misture novamente. Jogue a mistura sobre a farinha e agregue perfeitamente os ingredientes, de modo a obter uma massa firme e homogênea.
Leve o caldo à fervura; faça tirinhas com a massa, com a ajuda de um amassador de batatas, e cozinhe-as no caldo de vegetais por, pelo menos, 3-4 minutos, a partir do momento em que o caldo retoma a fervura.

VARIAÇÃO

Para obter a "massa ralada", é necessário acrescentar à massa uma colher de farinha de trigo e um pouco de farinha de rosca. O composto, bem amassado e firme, deve ser passado em um ralador, possivelmente com furos grandes, para obter-se o típico formato de "grãos".

CREME DE VEGETAIS COM TORRADAS

INGREDIENTES

Salsão	2 caules
Batata	3 (médias)
Farinha de trigo	1 colher (sopa)
Cebola	1/2
Torradas de pão	150 g
Queijo parmesão	3 colheres (chá)
Azeite de oliva extravirgem	2 colheres (sopa)
Caldo de vegetais	1,5 litro
Sálvia	3 folhas
Sal	1 pitada
Alho	1 dente (ou a gosto)

MODO DE PREPARO

Lave o salsão e limpe o caule. Corte-o em rodelas e refogue-o com a cebola, a sálvia em um pouco d'água. Quando a água secar, acrescente um pouco de farinha e doure-a. Então, adicione as batatas descascadas e picadas no caldo. Deixe cozinhar com o recipiente tampado por, aproximadamente, 30 minutos, misturando vez ou outra para que não grude.

Faça um creme, ajuste o sal e, se necessário, coloque novamente no fogo, para que o caldo fique mais denso. Acrescente o queijo parmesão e sirva com o pão, previamente torrado com azeite ou alho.

NOTAS

O creme pode ser obtido começando com todos os ingredientes frios.

Durante o cozimento, é possível acrescentar a casca inteira do queijo parmesão, para tornar o caldo mais saboroso.

VARIAÇÕES

É possível a obtenção do creme com ingredientes diferentes:
- aspargos, cebola, batata, salsinha;
- couve-flor (incluindo o talo), batata, louro, noz-moscada;
- abóbora, alho-poró, batata, alecrim, noz-moscada.

SOPA DE SALSÃO E BATATA COM CEVADA PÉROLA

INGREDIENTES

Cevada pérola	120 g
Batata	1 (média)
Salsão	2 talos
Alho-poró	1/2
Polpa de tomate	2 colheres (sopa)
Queijo parmesão	2 colheres (sopa)
Azeite de oliva extravirgem	2 colheres (sopa)
Sal	1 pitada
Salsinha picada	1 colher (sopa)

MODO DE PREPARO

Enxágue a cevada e coloque-a em água morna por, aproximadamente, 1 hora. Limpe e lave a batata, o salsão e o alho-poró. Pique-os e ferva-os em cerca de 1 litro de água. Bata tudo no liquidificador. Escorra e enxágue a cevada, acrescente-a ao caldo, formado pelos legumes e pela polpa de tomate, e cozinhe por, aproximadamente, 50 minutos, mexendo com frequência. Antes de servir, acrescente o azeite, o queijo parmesão e a salsinha picada.

VARIAÇÃO

É possível substituir a batata e o salsão por abóbora e cenoura.

SOPA DE PAINÇO

INGREDIENTES

Painço sem casca	140-150 g
Salsão	1 talo
Cenoura	1 (pequena)
Cebola	1/2
Molho de tomate	2 colheres (sopa)
Queijo parmesão	2 colheres (sopa)
Caldo de vegetais	cerca de 1 litro
Azeite de oliva extravirgem	2 colheres (sopa)
Salsinha picada	1 colher (sopa)
Sal	1 pitada

MODO DE PREPARO

Prepare o caldo de vegetais. Lave o painço cuidadosamente na água fria e escorra. Corte em pedacinhos a cenoura, o salsão e a cebola. Refogue-os com pouquíssima água. Acrescente o painço e deixe-o torrar por alguns minutos. Acrescente o caldo de vegetais e o molho de tomate. Deixe cozinhar em fogo baixo por cerca de 15-20 minutos. Antes de servir, acrescente um fio de azeite, o queijo parmesão e a salsinha picada.

VARIAÇÕES

O painço pode ser torrado diretamente no forno, com uma gota de óleo.
O prato é adequado também para crianças celíacas.

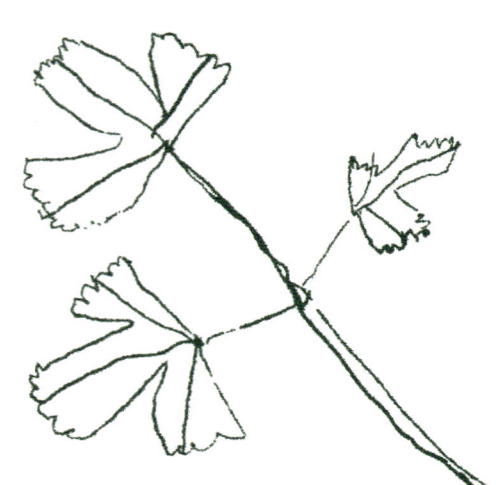

PURÊ DE LEGUMINOSAS

INGREDIENTES

Leguminosas secas (mesmo mistas, como feijão e grão-de-bico)	150 g
Batata	1
Cenoura	1
Salsão	1 talo
Cebola	1 (pequena)
Tomate descascado	a gosto
Torradas de pão	120 g
Queijo parmesão	2 colheres (sopa)
Azeite de oliva extravirgem	2 colheres (sopa)
Sal	1 pitada
Especiarias (salsinha, louro, alecrim)	a gosto
Água	1,5 litro

MODO DE PREPARO

Coloque as leguminosas de molho por, pelo menos, 12 horas, sem acrescentar bicarbonato. Escorra a água em que as leguminosas ficaram de molho, enxágue e cozinhe-as com a batata, a cenoura, o salsão, a cebola, os tomates e as especiarias secas, começando com água fria e sem sal. Quando as leguminosas estiverem macias, cerca de 1h30min depois, amasse tudo, fazendo um purê, ajuste o sal e coloque novamente no fogo, para alcançar a consistência desejada.
Sirva com as torradinhas de pão, o azeite, o queijo parmesão e alguma especiaria fresca.

VARIAÇÃO

É possível substituir as torradas por macarrão, arroz, cuscuz (marroquino) ou flocos de cereais.

DICAS PARA O PREPARO

A panela de pressão reduz o tempo de cozimento em cerca de 40 minutos.

SOPA DE FEIJÃO COM MACARRÃO

INGREDIENTES

Macarrão	130 g
Feijão-carioca seco	150 g
Salsão	1 talo
Cenoura	1 (pequena)
Tomate maduro descascado	150 g
Queijo parmesão	2 colheres (sopa)
Azeite de oliva extravirgem	2 colheres (sopa)
Sal	1 pitada
Alho	1 dente
Alecrim	1 ramo
Salsinha	1 ramo
Água	1,5 litro

MODO DE PREPARO

Coloque o feijão de molho por, pelo menos, 12 horas, sem bicarbonato. Escorra a água em que o feijão ficou de molho, enxágue-o e cozinhe-o com o alecrim por, aproximadamente, 1 hora, a partir do momento em que a água levantou fervura. Cozinhe o salsão, a cenoura e os tomates cortados em fatias finas com o alho amassado.
Bata o feijão no liquidificador (se preferir, deixe uma pequena parte com grãos inteiros), jogando-o no caldo do cozimento. Acrescente os vegetais cozidos, eliminando o alho.
Ajuste o sal, leve novamente à fervura, acrescente o macarrão e cozinhe-o pelo tempo indicado na embalagem.
Antes de servir, acrescente o azeite, o queijo parmesão e a salsinha picada.

alecrim

ROSMARINO

{67

CREME DE ERVILHAS E ALFACE

INGREDIENTES

Ervilha seca, sem casca	100 g
Alface	200 g
Batata	2-3
Alho-poró	1/4
Queijo parmesão	2 colheres (sopa)
Azeite de oliva extravirgem	2 colheres (sopa)
Cubos de torradas de pão	120 g
Sal	1 pitada

MODO DE PREPARO

Descasque e corte em cubinhos uma das batatas. Enxágue as ervilhas. Cozinhe-as por, aproximadamente, 45 minutos, acrescentando, na metade do cozimento, a batata cortada em cubos. À parte, cozinhe, por 45 minutos, em um litro e meio de água, o alho-poró e as outras batatas descascadas. Acrescente a alface lavada, em folhas. Continue o cozimento por mais 10 minutos. Bata tudo no liquidificador. Acrescente as ervilhas mais ou menos desfeitas e os cubos de batata, ajuste o sal e cozinhe tudo junto por mais alguns minutos.
Tempere com azeite e queijo parmesão. Se desejar, sirva com torradinhas de pão.

DICA PARA O PREPARO

Se for servida morna, é uma receita adequada para o verão.

MACARRÃO AO RAGU DE VEGETAIS

INGREDIENTES

Macarrão	250-270 g
Cebola	1 (média)
Salsão	2 talos
Cenoura	2
Queijo parmesão	2 colheres (sopa)
Azeite de oliva extravirgem	2 colheres (sopa)
Sal	1 pitada
Louro	1 folha

MODO DE PREPARO

Cozinhe, em um pouco de água, a cebola cortada em fatias; após alguns minutos, acrescente o salsão e a cenoura picados e uma pitada de sal. Cozinhe com a tampa, acrescentado um pouco de água e o louro. Continue cozinhando até os vegetais secarem novamente.

Fora do fogo, acrescente o azeite: o ragu se torna muito espesso e, portanto, saboroso. Cozinhe o macarrão em água abundante salgada pelo tempo indicado no rótulo, escorra-o e tempere-o com o molho e o queijo parmesão ralado.

VARIAÇÕES

É possível acrescentar o mínimo indispensável de tomates sem pele e/ou *funghi secchi*, hidratados e picados, ou utilizar outras combinações de vegetais, por exemplo:

- alho-poró, abobrinhas, salsão, cenouras, salsinha e manjericão;
- alho-poró, abobrinhas, salsão, aspargos, salsinha e manjericão;
- cebola, berinjela, tomate, alho e manjerona ou cebolinha.

MACARRÃO À *PASTICCIATA* COM VEGETAIS

INGREDIENTES

Macarrão	250-270 g
Leite semidesnatado	2 copos
Farinha de trigo	2 colheres (sopa)
Alho-poró	1/2
Cenoura	1
Abóbora	1 fatia
Queijo parmesão	2 colheres (sopa)
Azeite de oliva extravirgem	2 colheres (sopa)
Sal	1 pitada
Temperos picados (salsinha, manjericão, manjerona, alho) a gosto	

MODO DE PREPARO

Lave, limpe e corte o alho-poró, a cenoura e a abóbora em tiras.

Cozinhe esses vegetais por 5-10 minutos, até o ponto *al dente*, e deixe-os em tiras ou amasse-os, fazendo um purê. À parte, prepare o molho branco com leite e farinha.

Cozinhe o macarrão, até o ponto *al dente*, escorra a água e tempere o macarrão com o azeite, os vegetais, o queijo parmesão, o molho branco e os temperos picados.

VARIAÇÃO

É possível variar os vegetais, utilizando, por exemplo, alcachofras e alho-poró ou ervilhas.

DICA PARA O PREPARO

O macarrão pode ser colocado em forno médio-alto para gratinar, após ter sido temperado com azeite e os vegetais e coberto com o molho branco e o parmesão.

MACARRÃO COM BRÓCOLIS

INGREDIENTES

Macarrão	250-270 g
Brócolis	300 g
Alho-poró (opcional)	1/4
Queijo parmesão	2 colheres (sopa)
Azeite de oliva extravirgem	2 colheres (sopa)
Sal	1 pitada
Alho	1 dente
Anchova em óleo	1

MODO DE PREPARO

Limpe e lave os brócolis, depois, divida-os e corte as flores. Retire o talo, elimine a parte externa mais fibrosa e corte-o em pedacinhos. Ferva os brócolis e retire-os com uma escumadeira. Então, pique ou bata os talos e partes das flores. Em uma frigideira, tempere-os com o alho (parcialmente cortado em fatias bem finas) e, opcionalmente, com a anchova e o alho-poró picado.

Deixe uma consistência macia. Cozinhe o macarrão, até o ponto *al dente*, na água de cozimento dos brócolis. Tempere com azeite, brócolis e queijo parmesão. Elimine a parte do alho que foi deixada inteira.

VARIAÇÃO

É possível substituir o queijo parmesão por 50 g de ricota. Nesse caso, dissolva a ricota em uma frigideira com um pouco de água do cozimento, coloque os brócolis e o alho.

ARROZ COM VEGETAIS DA ESTAÇÃO

INGREDIENTES

Arroz	250-270 g
Alho-poró	1/2
Abóbora	1 fatia
Cenoura	1 (pequena)
Couve-flor	algumas flores
Queijo parmesão	2 colheres (sopa)
Azeite de oliva extravirgem	2 colheres (sopa)
Caldo de vegetais	o necessário
Sal	1 pitada
Ervas aromáticas	a gosto

MODO DE PREPARO

Prepare o caldo de vegetais.

Lave e limpe os vegetais, corte-os no formato desejado e ferva-os, com a erva aromática escolhida.

Cozinhe com a tampa por alguns minutos, deixando os vegetais compactos e com a cor viva.

À parte, cozinhe o arroz com o caldo de vegetais. Depois de, aproximadamente, 10 minutos, acrescente os vegetais e leve ao cozimento.

Antes de servir, deixe fora do fogo por algum tempo e tempere com azeite e queijo parmesão.

VARIAÇÕES

Se desejar, pode-se utilizar o arroz parboilizado ou integral orgânico. O arroz pode ser substituído por 200 g de cuscuz (marroquino). Os vegetais também podem sofrer variações de acordo com a estação do ano. Exemplos de combinações são:

- abóbora, alho-poró, cenoura e louro;
- repolho, cenoura, salsão, tomates e manjericão;
- alcachofras e salsinha;
- aspargos e salsinha;
- abobrinhas, salsinha ou hortelã;
- espinafres/beterraba, alho e salsinha.

CEVADA OU ESPELTA COM VEGETAIS

INGREDIENTES

Cevada pérola/espelta, sem casca	200 g
Vegetal da estação (por exemplo, abóbora)	200 g
Cebola	1 (pequena)
Queijo parmesão	2 colheres (sopa)
Azeite de oliva extravirgem	2 colheres (sopa)
Sal	1 pitada
Cebolinha picada	1 colher (sopa)

MODO DE PREPARO

Se necessário, deixe o cereal de molho por uma hora. En-xágue abundantemente os grãos em água fria. Cozinhe o cereal na panela de pressão (cerca de 30 minutos) ou na panela (cerca de 50 minutos), utilizando uma quantidade de caldo de vegetais ou de água, inicialmente fria, equiva-lente a duas vezes o volume do cereal.

Enquanto isso, ferva os vegetais lavados e cortados em cubos e, depois, una-os ao cereal. Deixe descansar com a tampa por 10 minutos antes de servir. Tempere com o azeite, o queijo parmesão e a cebolinha.

VARIAÇÃO

É possível variar os vegetais e os temperos de acordo com a estação. Nos dias mais quentes, o cereal cozido e tem-perado com molho *pesto* pode ser servido morno, como salada.

DICAS PARA O PREPARO

Verifique no rótulo do cereal se é necessário deixá-lo de molho e qual é o tempo aconselhado de cozimento. Em todo caso, utilize somente cereais sem casca.

É aconselhável que se conserve um pouco de água do co-zimento, para servir o prato com uma consistência macia.

MACARRÃO COM TEMPEROS

INGREDIENTES

Macarrão	250-270 g
Azeite de oliva extravirgem	30 g
Caldo de vegetais	o necessário
Sal	1 pitada
Alho	1 dente pequeno
Sálvia	2 folhas
Alecrim	1 ramo
Orégano	1 colher (sobremesa)
Manjericão	4-5 folhas
Manjerona	1 ramo

MODO DE PREPARO

Tempere o macarrão, cozido até o ponto *al dente*, com o composto obtido, batendo as ervas aromáticas no liquidifi-cador com o azeite e uma gota de caldo de vegetais.

macarrão

arroz

ARROZ COM AÇAFRÃO

INGREDIENTES

Arroz	250-270 g
Cebola	1
Queijo parmesão	4 colheres (sopa)
Azeite de oliva extravirgem	2 colheres (sopa)
Caldo de vegetais	o necessário
Sal	1 pitada
Açafrão	1 envelope

MODO DE PREPARO

Prepare o caldo de vegetais.
Refogue a cebola picada, acrescente o arroz e deixe-o ficar levemente torrado. Junte o caldo fervente aos poucos, de modo que seja bem absorvido pelo arroz. Cozinhe o arroz *al dente*.
Acrescente o azeite, o queijo parmesão. Deixe descansar alguns minutos antes de servir, de modo que o cozimento se complete. Um minuto antes de tirar o arroz do fogo, adicione uma gota de caldo fervente, no qual o açafrão foi dissolvido.

DICAS PARA O PREPARO

O açafrão é colocado no último instante, para que o seu aroma permaneça intacto.

MACARRÃO COM QUEIJO *STRACCHINO* E RÚCULA

INGREDIENTES

Macarrão	250-270 g
Queijo *stracchino* (pode ser substituído por requeijão)	150 g
Queijo parmesão	2 colheres (sopa)
Amêndoas	10 g
Azeite de oliva extravirgem	2 colheres (sopa)
Leite integral	o necessário
Rúcula	o necessário
Sal	1 pitada

MODO DE PREPARO

Bata no liquidificador as amêndoas, a rúcula e um pouco de leite. Acrescente o queijo *stracchino* e bata novamente, para obter um creme pastoso.
Cozinhe o macarrão pelo tempo indicado na embalagem, escorra a água, deixando-o *al dente*. Então, tempere com o azeite, o creme de queijo *stracchino* e o queijo parmesão ralado.

óleo

MACARRÃO COM RICOTA E NOZES

INGREDIENTES

Macarrão	250-270 g
Ricota	150 g
Nozes	30 g
Queijo parmesão	2 colheres (sopa)
Azeite de oliva extravirgem	2 colheres (sopa)
Sal	1 pitada
Noz-moscada	1 pitada
Manjericão, salsinha ou orégano	a gosto

MODO DE PREPARO

Cozinhe o macarrão, até o ponto *al dente*, em quantidade abundante de água com sal. Enquanto isso, bata no liquidificador a ricota, as nozes, o azeite e as ervas aromáticas com uma gota d'água do cozimento do macarrão, até obter um creme homogêneo.

Escorra o macarrão e coloque-o em uma panela, aquecendo-o com o creme por alguns instantes. Por fim, acrescente o queijo parmesão e sirva.

VARIAÇÕES

É possível substituir as nozes, dobrando a quantidade de queijo parmesão da receita fornecida.
Em vez da noz-moscada, pode-se utilizar açafrão.

MACARRÃO COM LENTILHAS

INGREDIENTES

Macarrão	250-270 g
Lentilha seca	100 g
Tomate, sem casca	100 g
Salsão	1 talo
Cenoura	1 (média)
Cebola	1
Queijo parmesão	2 colheres (sopa)
Azeite de oliva extravirgem	2 colheres (sopa)
Louro	1 folha
Salsinha picada	1 colher (sopa)
Sal	1 pitada

MODO DE PREPARO

Coloque a lentilha de molho por 12 horas (verifique o rótulo).

Enxágue-a e cozinhe-a com o salsão, a cenoura, parte da cebola e o louro, dosando a água de tal maneira que seja quase toda absorvida. À parte, refogue a cebola restante, adicione os tomates e a lentilha cozida. Tempere.

Cozinhe o macarrão, até o ponto *al dente*, em quantidade abundante de água com sal, escorra-o e tempere-o com o molho de tomate e lentilha, acrescentando a salsinha picada, o azeite e o parmesão.

VARIAÇÕES

É possível utilizar a lentilha sem casca (mais pobre em fibras que a seca), que cozinha em 20 minutos, sem ficar de molho, e tende a ficar bem mole.

MACARRÃO AO *PESTO* COM PEIXE
(Prato único)

INGREDIENTES

Macarrão	300-350 g
Filé de tilápia (Saint Peter)	125 g
Filé de merluza	125 g
Molho *pesto* com manjericão	o necessário
Salsão	1/2 talo
Cebola	1 (pequena)
Cenoura	1 (pequena)
Sal	o necessário

MODO DE PREPARO

Cozinhe o peixe no vapor no escorredor de macarrão, no cuscuzeiro ou na grelha, com pouquíssima água, aromatizada com salsão, cenoura, cebola e sal. Enquanto isso, prepare o molho *pesto* (sem queijo), acrescentando eventualmente uma gota de suco de limão. Escorra o peixe e desfie-o, verificando a eventual presença de espinhas. Deixe alguns pedaços de peixe maiores.

Cozinhe o macarrão, até o ponto *al dente*, e tempere-o com o molho *pesto* (se necessário, acrescente um pouco d'água do cozimento do macarrão) e o peixe.

DICA PARA O PREPARO

É possível passar o peixe cozido no moedor de carne.

SALADA DE ARROZ
(Prato único)

INGREDIENTES

Arroz parboilizado	300-350 g
Vegetais (por exemplo: ervilhas, cenouras, feijões)	200 g
Presunto cozido em cubos, sem gordura	100 g
Queijo *caciotta*	80 g
Azeite de oliva extravirgem	2 colheres (sopa)
Azeitonas ou alcaparras (opcional)	a gosto
Sal, ervas aromáticas à escolha	o necessário

MODO DE PREPARO

Cozinhe o arroz em água com sal. Despeje o arroz em um recipiente, acrescente um fio de azeite e deixe-o esfriar. Enquanto isso, cozinhe os vegetais cortados em cubos. Acrescente-os já frios ao arroz, com os cubos de presunto e o queijo. Adicione o azeite e as ervas aromáticas. Misture bem.

VARIAÇÃO

É possível escolher o(s) vegetal(is) de que mais gosta e a quantidade também pode ser diminuída. Nesse caso, coloque alguns gramas a mais de arroz.

SALADA DE PAINÇO

INGREDIENTES

Painço sem casca	200 g
Vegetais mistos (por exemplo: 1-2 abobrinhas, 1-2 cenouras, 1 cebola, 1 pimentão vermelho)	400 g
Azeitona verde	10
Azeite de oliva extravirgem	4 colheres (sopa)
Sal	1 pitada
Suco de limão	2 colheres (sopa)

MODO DE PREPARO

Lave o painço e jogue-o em uma quantidade de água fervente que equivalha ao dobro do peso ou volume do painço. Coloque uma pitada de sal. Tampe e cozinhe em fogo baixo por 20 minutos, sem destampar. Apague o fogo e deixe esfriar, sem mexer. Enquanto isso, cozinhe o pimentão em água com vinagre e descasque-o.
Lave os vegetais e corte-os em cubinhos. Cozinhe-os por alguns minutos, adicione 2 colheres de azeite e apague o fogo. Após 10 minutos, acrescente o painço frio, retirando-o com as mãos e soltando-o, procurando misturá-lo bem com os vegetais. Adicione as azeitonas, o pimentão picado, o suco de limão e o azeite restante.

NHOQUE DE SEMOLINA

INGREDIENTES

Semolina	150-180 g
Leite integral	750-800 ml
Queijo parmesão	50 g
Ovo	2 (somente as gemas)
Azeite de oliva extravirgem	1 colher (sopa)
Sal	1 pitada
Noz-moscada	1 pitada

MODO DE PREPARO

Coloque no fogo o leite com o sal e a noz-moscada. Quando estiver a ponto de ferver, tire do fogo e acrescente a semolina aos poucos, misturando bem. Leve novamente ao fogo e cozinhe por, pelo menos, 15 minutos.
Acrescente as gemas e parte do queijo parmesão, misture cuidadosamente e despeje a mistura na assadeira untada com óleo. Com as mãos, enrole a massa em tiras, até obter uma espessura de, aproximadamente, 1,5 cm.
Espalhe o queijo parmesão restante e asse no forno a 200 °C, por 30-40 minutos.

VARIAÇÕES

É possível aromatizar os nhoques em seu interior ou em sua superfície com alecrim, sálvia ou molho *pesto* com manjericão.
Pode-se, ainda, dissolver uma quantidade mínima de manteiga sobre sua superfície, assim que saírem do forno.

DICA PARA O PREPARO

Se houver tempo à disposição, deixe a semolina esfriar, corte-a em discos ou em quadradinhos. Coloque-os na assadeira, sobrepostos, cubra-os com o queijo parmesão e asse no forno a 200 °C por 30-40 minutos.

PAELLA
(Prato único)

INGREDIENTES

Arroz	250-270 g
Cebola	1 (pequena)
Cenoura	1 (média)
Pimentão	1/2
Abobrinha	1 (pequena)
Ervilha	1 colher (de servir)
Lulas de médias/grandes dimensões	150 g
Filé de garoupa	100 g
Azeite de oliva extravirgem	3 colheres (sopa)
Açafrão	1 envelope
Salsinha picada	1 colher (sopa)
Vinho branco, salsão, cenoura, alho-poró	(para temperar)
Caldo de vegetais	
Sal	o suficiente

MODO DE PREPARO

Prepare o caldo de vegetais. Enxágue rapidamente as lulas em água corrente e, então, marine por alguns minutos em água aromatizada com vinho, salsão, cenoura e alho-poró. Deixe-as se amornarem na própria água do cozimento e corte-as em tiras. Enquanto isso, refogue a cebola e a cenoura cortadas em fatias finas, acrescente a ervilha e a garoupa cortada em tiras. Coloque no fogo alto e adicione os pedaços de pimentão e de abobrinha. Cozinhe por, aproximadamente, 10 minutos, acrescente as lulas cozidas e tempere-as com azeite e salsinha. Ajuste o sal.
À parte, cozinhe o arroz com o caldo de vegetais e acrescente, alguns minutos antes de apagar o fogo, o molho de peixe e o açafrão, anteriormente dissolvido em um pouco d'água do caldo.

VARIAÇÃO

É possível aumentar a variedade dos vegetais com aspargos e alcachofras.

DICA PARA O PREPARO

A apresentação final pode ser feita mantendo separados o arroz amarelo e o molho de peixe e vegetais.

CUSCUZ (MARROQUINO) COM VEGETAIS

INGREDIENTES

Cuscuz (marroquino)	200 g
Alho-poró	1/2
Abóbora	1 fatia
Abobrinha	1 (pequena)
Couve-flor	algumas flores
Cenoura	1 (média)
Ervilha	1 colher (de servir)
Caldo de vegetais	o necessário
Azeite de oliva extravirgem	2 colheres (sopa)
Sal	1 pitada
Louro, manjerona ou manjericão	o necessário

MODO DE PREPARO

Limpe, lave e corte o alho-poró, a abobrinha, a couve-flor e a cenoura em rodelas ou em cubos. Adicione a ervilha. Refogue esses vegetais com a folha de louro e uma pitada de sal, sem acrescentar água, com a panela tampada e em fogo alto, por 1 minuto. Abaixe o fogo, acrescente o caldo de vegetais, até cobri-los. Continue o cozimento, até ficarem macios. Retire a folha de louro e apague o fogo.

À parte, coloque o cuscuz em um recipiente e molde-o, com as mãos besuntadas com azeite. O calor das mãos começará a fazer o cuscuz inchar. Molde o cuscuz por alguns minutos e, depois, deixe-o descansar por 5 minutos. À parte, aqueça o caldo de vegetais, acrescente um pouco no cuscuz e misture. Coloque no fogo baixo e adicione mais um pouco de caldo. Essa etapa é rápida: o cuscuz estará perfeito quando estiver bem solto; se tiver muita água, formam-se grânulos. Tampe e apague o fogo. O cuscuz pode ser servido com pedacinhos de vegetais em cima dele, com ervas aromáticas picadas, e temperado com o líquido do cozimento, que será absorvido rapidamente.

{acompanhamentos

BRUSCHETTA COM VEGETAIS

INGREDIENTES

Pão (tipo toscano)	300 g
Vegetais mistos	250 g
Queijo parmesão	1 colher (sopa)
Azeite de oliva extravirgem	2 colheres (sopa)
Sal	1 pitada
Ovo	3-4
Ervas aromáticas	a gosto

MODO DE PREPARO

Limpe, lave e corte os vegetais no formato desejado. Cozinhe-os com as ervas aromáticas por cerca de 10 minutos. Finalizado o cozimento, coloque o azeite e uma pitada de queijo parmesão. Enquanto isso, torre o pão, acrescente um fio de azeite e a mistura de vegetais com as ervas aromáticas. Sirva o prato com ovo cozido.

As combinações de vegetais podem ser:
- cebola, salsão, cenoura, abobrinhas, hortelã;
- salsão, cenoura, abobrinhas, feijão, manjerona, alho;
- abobrinhas, berinjelas, molho de tomate, salsinha, alho;
- alho-poró (ou cebola), salsão, cenoura, couve-flor, sálvia;
- salsão, cenoura, brócolis, alecrim, alho;
- salsão, cenoura, espinafre, abóbora, manjerona, alho;
- salsão, cenoura, abóbora, sálvia, alho;
- alho-poró (ou cebola), salsão, cenoura, erva-doce, abóbora, alecrim;
- alho-poró (ou cebola), salsão, cenoura, espinafre, raízes brancas (cará, inhame, mandioca), alecrim.

DICA PARA O PREPARO

A mistura de vegetais pode ser apresentada em pedaços maiores ou menores. É possível incorporar à mistura ovos crus batidos, colocar o composto sobre as fatias de pão e colocar no forno médio por, pelo menos, 30 minutos.

PIZZA COM LENTILHAS

INGREDIENTES

Farinha de trigo	500 g
Tomate, descascado	250 g
Lentilha seca	50 g
Queijo muçarela	120 g
Queijo parmesão	1 colher (sopa)
Azeite de oliva extravirgem	2 colheres (sopa)
Fermento biológico	1 tablete
Sal	1 colher (chá)
Açúcar	1 colher (chá)
Orégano	1 pitada

MODO DE PREPARO

Coloque as lentilhas de molho um dia antes. Enxágue-as e cozinhe-as. Dissolva o fermento em água morna com uma pitada de açúcar. Misture a farinha com a água e o fermento, o azeite e o sal, até obter uma massa macia e suave. Deixe descansar em local quente, cobrindo a massa com um pouco de farinha e um pano.
Se houver tempo à disposição, interrompa uma ou duas vezes a fermentação, oxigenando a massa, amassando-a com as mãos. A massa estará pronta quando não exalar mais cheiro de fermento. Estique a massa, acrescente os tomates, a muçarela picada, as lentilhas e salpique queijo parmesão e orégano.
Leve ao forno a 250 ºC por, aproximadamente, 20 minutos. Antes de servir, regue com um fio de azeite.

VARIAÇÕES

Uma parte da farinha pode ser integral e a outra, branca. As lentilhas podem ser sem casca, ainda que menos reconhecíveis na *pizza* do que as outras.

FOCACCIA COM ALHO-PORÓ

INGREDIENTES

Farinha de trigo	350 g
Batata	1
Azeite de oliva extravirgem	2 colheres (sopa)
Fermento biológico	1/2 tablete
Açúcar	1 pitada
Sal	o suficiente
Alho-poró	1/2, aproximadamente
Queijo muçarela	120 g
Queijo *fontina* doce	70 g
Queijo parmesão	2 colheres (sopa)

MODO DE PREPARO

Dissolva o fermento em água morna, com uma pitada de açúcar. Misture a farinha com a água, o fermento, 1 colher de azeite, a batata amassada e o sal, até obter uma massa macia e suave. Deixe descansar em local quente por, pelo menos, uma hora. A massa deve ficar bastante macia.

Enquanto isso, refogue o alho-poró cortado em rodelas finas. Pique os queijos. Estique metade da massa fermentada na assadeira, cubra com o alho-poró, salpique os queijos e acrescente um fio de azeite. Cubra com a massa restante, feche bem as bordas e asse no forno a 220-250 °C, por 30 minutos.

VARIAÇÕES

É possível usar outros vegetais da estação.
Parte da farinha pode ser integral.

DICA PARA O PREPARO

A presença das batatas torna a *focaccia* mais macia, mas se o preparo ficar muito demorado, não é um ingrediente indispensável.

TORTA VERDE

INGREDIENTES

Acelga/espinafre	450 g
Ricota	125 g
Queijo parmesão	1 colher (sopa)
Azeite de oliva extravirgem	1 colher (sopa)
Farinha de trigo	100 g
Água morna	o necessário
Sal	1 pitada
Salsinha picada	1 colher (sopa)
Alho	1 dente picado
Tomilho	a gosto

MODO DE PREPARO

Limpe e lave os vegetais. Cozinhe-os. Se necessário, escorra-os e amasse-os. Passe-os no processador de alimentos com a metade da ricota, o queijo parmesão, um fio de azeite, a salsinha e o alho picado. Ajuste o sal.

À parte, prepare a base da torta, amassando a farinha com a ricota restante, um fio de azeite, a água, uma pitada de sal e o tomilho. Misture e divida a massa em duas partes, uma maior e outra menor. Estique a porção maior da massa, para fazer a parte de baixo da torta em uma assadeira. Coloque a mistura e a distribua em cima da massa. Estique a outra parte da massa e cubra a mistura. Asse a 180 °C por, aproximadamente, 30 minutos.

VARIAÇÕES

É possível utilizar uma pitada de fermento químico na massa que forra a assadeira se desejar que ela fique mais perfumada, e, para dar brilho à superfície, uma pincelada de ovo batido levemente salgado.

DICA PARA O PREPARO

Se a torta verde não estiver acompanhada por vegetais da estação, como alternativa, é necessário dobrar a quantidade de azeite de oliva.

TORTINHA OU CROQUETE DE BATATA

INGREDIENTES

Batata	4
Ovo	1 inteiro + 1 clara
Queijo parmesão	3 colheres (sopa)
Farinha de rosca	o necessário
Azeite de oliva extravirgem	1 colher (sopa)
Sal	1 pitada
Leite	a gosto

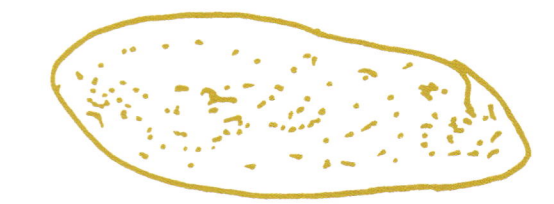

MODO DE PREPARO

Lave as batatas e cozinhe-as, se possível, no vapor (pode ser, também, na panela de pressão). Descasque-as e passe-as no amassador de batatas. Incorpore o ovo e a clara, o queijo parmesão e, a gosto, um pouco de leite. Amasse bem. Faça os croquetes em forma de cilindro, enrole-os na farinha de rosca e coloque-os em uma assadeira levemente untada, ou cubra a assadeira com a farinha de rosca, possivelmente aromatizada com o alho e o alecrim, distribuindo-os bem.
Asse no forno a 180 °C, por 30-40 minutos.
Os croquetes devem ser virados pelo menos uma vez.

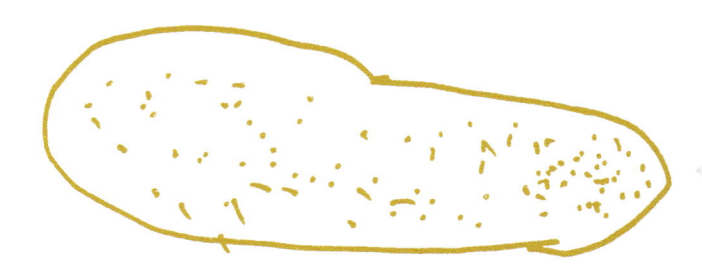

batata

VARIAÇÃO

A farinha de rosca pode ser temperada (por exemplo, com alecrim/salsinha e alho).

DICA PARA O PREPARO

A clara pode ser acrescentada após ter sido batida em neve. Utilizando os mesmos ingredientes, é possível assar as batatas no forno, cortadas em cubos, com a mistura de ovos e o queijo parmesão por cima.

TORTINHA DE CUSCUZ E VEGETAIS

INGREDIENTES

Cuscuz (marroquinho)	100 g
Abóbora	1 fatia grande
Cenoura	1 (média)
Queijo parmesão	2 colheres (sopa)
Azeite de oliva extravirgem	2 colheres (sopa)
Caldo de vegetais, com sal	o necessário
Sal	1 pitada
Noz-moscada	1 pitada
Ervas aromáticas (manjericão, manjerona, orégano) a gosto	

MODO DE PREPARO

Limpe e lave a abóbora e a cenoura. Cozinhe a abóbora e faça um purê com ela. Corte a cenoura em fatias e cozinhe-a.

Acrescente um pouco de caldo fervente na assadeira com o cuscuz, misturando a cada acréscimo. Faça o caldo ser bem absorvido, acrescente um fio de azeite e tempere com o manjericão, o orégano e a manjerona (também misturados).

Coloque o cuscuz na assadeira levemente untada com óleo, acrescente uma parte do parmesão e do purê de abóbora levemente temperado com noz-moscada ou alecrim. Enfeite com as fatias de cenoura, retomando o aroma do cuscuz. Salpique o restante do parmesão.

Asse no forno a 180 ºC, até a formação de uma leve casca.

VARIAÇÕES

É possível variar os vegetais, por exemplo: couve-flor, alho-poró, alcachofra, abobrinha, ainda que misturadas. O queijo parmesão pode ser substituído total ou parcialmente por ricota (no primeiro caso, dobre a quantidade).

DICA PARA O PREPARO

Os vegetais podem ser cozidos na água ou no vapor (e, também, na panela de pressão).

Os vegetais escolhidos podem ser misturados ao cuscuz com o queijo parmesão e as ervas aromáticas, em vez de fazer um extrato com eles.

sal

SALE

TORTINHA DE ARROZ COM BRÓCOLIS E COUVES-FLORES

INGREDIENTES

Arroz parboilizado	150 g
Brócolis e couve-flor	300 g
Alho-poró	1/2
Queijo parmesão	2 colheres (sopa)
Azeite de oliva extravirgem	2 colheres (sopa)
Amido de milho e farinha de rosca	o necessário
Caldo de vegetais	
Sal	1 pitada
Alcaparras	1 colher (sopa)
Alho	1 dente

MODO DE PREPARO

Com o alho-poró cortado em rodelas, ferva os brócolis e as couves-flores, após cortá-los, deixando as flores intactas. Acrescente as alcaparras lavadas, escorridas e picadas.

Cozinhe o arroz no caldo de vegetais, pare o cozimento e despeje um fio de azeite. Acrescente o queijo parmesão e os vegetais passados na peneira e misturados com o amido.

Jogue a mistura na assadeira levemente untada e salpicada com a farinha de rosca. Asse no forno a 180 ºC, até que a superfície fique dourada.

Sirva com algumas flores inteiras (dos brócolis e das couves-flores) como decoração.

TORTINHA DE CEVADA E ALHO-PORÓ

INGREDIENTES

Cevada pérola	150 g
Alho-poró	1
Salsão	150 g
Cenoura	1 (pequena)
Cebola	1 (média)
Ovo	1
Queijo parmesão	2 colheres (sopa)
Azeite de oliva extravirgem	2 colheres (sopa)
Água	cerca de 1 litro
Sal, tomilho, manjerona	a gosto

MODO DE PREPARO

Enxágue a cevada e coloque-a de molho por, aproximadamente, 1 hora. Escorra-a e ferva-a com as cebolas, as cenouras e as ervas aromáticas por cerca de 1 hora. Enquanto isso, cozinhe o alho-poró e o salsão cortados em tiras. Una a cevada a esses vegetais, misture e deixe esfriar um pouco. Acrescente o ovo e misture. Jogue a mistura na assadeira, salpique o queijo parmesão e derrame um fio de azeite. Asse no forno a 200 ºC, por 35 minutos.

DICA PARA O PREPARO

Verifique no rótulo o preparo adequado da cevada.

SALADA DE FRANGO

INGREDIENTES

Peito de frango	300 g
Vegetais mistos (por exemplo: tomates-cereja e folhas)	250 g
Salsão	1 talo
Cenoura	1 (pequena)
Cebola	1
Amêndoas	20 g
Azeite de oliva extravirgem	4 colheres (sopa)
Sal	1 pitada
Ervas aromáticas (manjericão, coentro)	a gosto

MODO DE PREPARO

Divida o peito de frango em dois filés.

Ferva a água aromatizada com salsão, cenoura e cebola e coloque o frango. Cozinhe por, aproximadamente, 20 minutos, a partir da ebulição. Torre as amêndoas. Bata as ervas aromáticas no liquidificador com azeite. Limpe, lave e corte os vegetais. Escorra o peito de frango, deixe-o ficar morno e corte-o em tiras.

Misture o peito de frango com os vegetais e tempere tudo com o azeite aromatizado e, por fim, as amêndoas torradas.

DICA PARA O PREPARO

Corte o peito de frango em sentido horizontal, acompanhando a direção das fibras.

ESCALOPINHO OU PICADINHO DE FRANGO/PERU

INGREDIENTES

Carne de frango ou peru	350 g
Farinha de trigo	1 colher (sopa)
Suco de limão ou caldo de vegetais	o suficiente
Azeite de oliva extravirgem	2 colheres (sopa)
Sal	1 pitada
Ervas aromáticas	a gosto

MODO DE PREPARO

Passe as fatias finas de carne (que podem ser batidas) na farinha, com uma pitada de sal, e coloque-as na assadeira untada.

Acrescente algumas gotas de limão e coloque no forno a 180-200 °C, com a assadeira coberta, até que a parte que está em contato com o fundo da assadeira esteja levemente dourada.

Gire a carne e cubra novamente. Acrescente um pouco de caldo de vegetais e deixe que o molho fique denso, sem cobrir.

DICA PARA O PREPARO

O cozimento com a tampa mantém a carne mais tenra. O caldo serve para salgar e torná-la mais macia. É possível cortar a carne em quadradinhos, como um picadinho.

Corte a carne em cubos e tempere-a com sálvia, alecrim, alho, orégano e sal ou alecrim, alho, limão e sal. Passe a carne cortada em quadradinhos em uma mistura de farinha de trigo e de rosca e coloque-a em uma assadeira antiaderente, levemente untada.

Asse a 200 °C por, aproximadamente, 20 minutos, sem cobrir, virando a carne periodicamente. O picadinho, no final, deve ficar crocante.

ALMÔNDEGAS

limão

LIMONE

INGREDIENTES

Carne bovina moída	300 g
Batata	2 (pequenas)
Azeite de oliva extravirgem	2 colheres (sopa)
Sal	1 colher (sopa)
Suco de limão	o suficiente

MODO DE PREPARO

Cozinhe as batatas no vapor. Descasque-as e passe-as em uma peneira. Junte-as à mistura de carne moída e uma pitada de sal. Faça as almôndegas, coloque-as na assadeira levemente untada e asse a 200 °C, por 25 minutos.
Antes de servir, tempere-as com azeite e suco de limão.

VARIAÇÃO

A carne pode ser apresentada como almôndegas ao molho: cozinhe a carne em uma assadeira com salsão, cenoura e cebola picados, um pouco de caldo de vegetais e alguns tomates-cereja ou tomates sem casca. Fora do fogo, tempere com azeite.

DICA PARA O PREPARO

Para obter almôndegas mais compactas, substitua as batatas por farinha de rosca ou miolo de pão molhado no leite. A carne pode ser temperada com cebolinha.

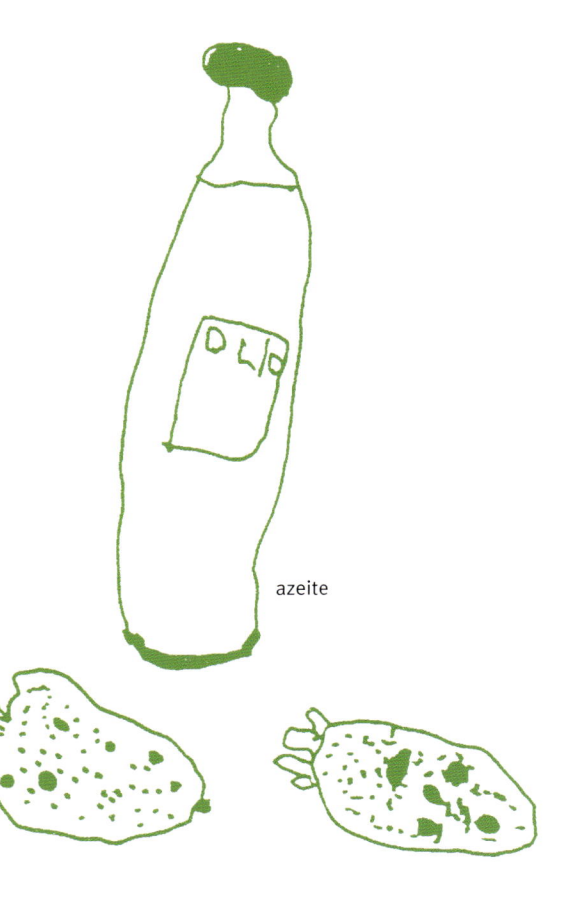

azeite

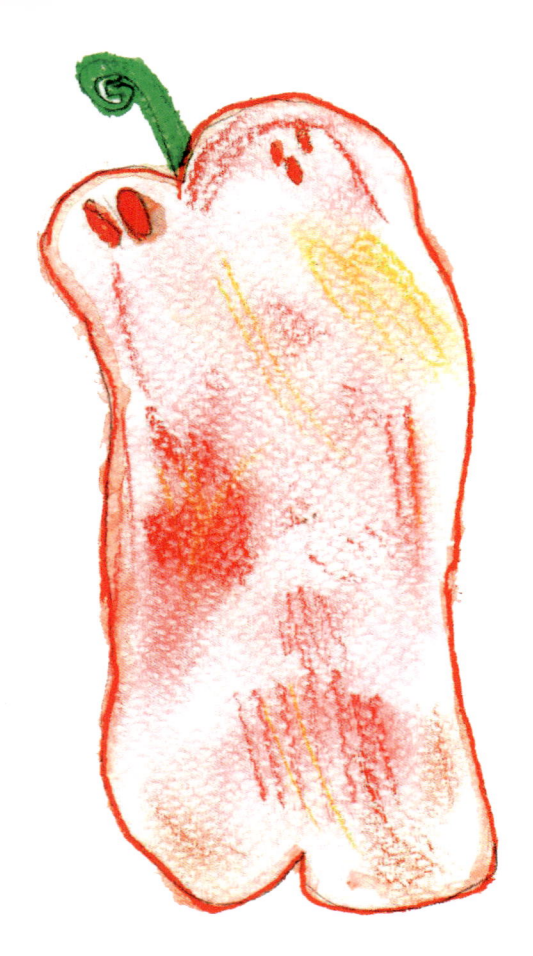

PEIXE COM CREME DE PIMENTÃO

INGREDIENTES

Peixe	450 g
Pimentão vermelho	1
Azeite de oliva extravirgem	4 colheres (sopa) (incluindo o tempero para a salada)
Vinagre de mel	o suficiente
Alho	1-2 dentes
Sal	1 pitada
Salada (alface, rúcula, escarola etc.)	a gosto

MODO DE PREPARO

Descasque o alho, pique-o e coloque-o numa panela com cerca de um dedo de vinagre. Deixe em fogo alto, até que se reduza pela metade, e peneire.

Ferva o pimentão em água com sal por alguns minutos, passe-o em água fria, escorra-o bem e tire a pele externa. No liquidificador, bata a polpa do pimentão com o alho, até obter um creme.

Cozinhe os filés de peixe no vapor, com pouca água com sal, por 10-15 minutos, e escorra-os. Lave a salada e tempere-a com a mistura preparada com o vinagre aromatizado anteriormente, o azeite e o sal. Coloque a salada numa bandeja e, em cima, o peixe temperado com um fio de óleo.

Enfim, coloque sobre o peixe o creme de pimentões e sirva.

DICA PARA O PREPARO

O pimentão cozido pode ser passado no amassador de batatas com os dentes de alho cozidos, sem descascar.

O peixe pode ser cozido na assadeira e temperado tanto na parte de cima quanto na parte de baixo com o creme de pimentão (é preciso aumentar a quantidade de pimentões) e servido com salada à parte.

PEIXE COM TOMATES-CEREJA E ALCAPARRAS

INGREDIENTES

Peixe	450 g
Tomate-cereja	200 g
Alcaparra em conserva	1 colher (chá)
Azeite de oliva extravirgem	2 colheres (sopa)
Salsão	1 talo
Cenoura	1
Cebola	1
Fatias de limão	4-5
Sal	1 pitada

MODO DE PREPARO

Disponha o peixe na assadeira com um pouco de água e os temperos. Salgue pouco, cubra com papel alumínio e cozinhe no forno a 170-180 ºC, por 15-20 minutos.

Enquanto isso, corte os tomates-cereja em quatro partes e deixe-os escorrer. Pique as alcaparras, após deixá-las de molho e enxaguá-las. Acrescente-as aos tomates. Tire o peixe do forno, escorra-o, deixe-o esfriar um pouco e corte-o ao meio, tirando eventuais espinhas. Coloque o peixe na bandeja e cubra-o com os pedaços de tomates temperados com azeite e, se necessário, sal. Mantenha-o por alguns minutos no rescaldeiro, para que o peixe adquira mais sabor.

VARIAÇÃO

É possível usar cebolinha em vez das alcaparras.

DICA PARA O PREPARO

Filés de peixe podem apresentar algumas espinhas, que devem ser retiradas. Nesta receita, o peixe é colocado no forno ainda congelado.

Os tomates-cereja amassados entre as mãos podem ser utilizados no próprio cozimento do peixe: a cocção coberta produz muito líquido, que deve ser secado com a temperatura alta.

ALMÔNDEGAS DE PEIXE

INGREDIENTES

Peixe sem espinhas	300 g
Batata	2 (médias)
Suco de 1 limão	
Louro	1 folha
Cenoura	1
Salsão	1 talo
Cebola	1
Azeite de oliva extravirgem	2 colheres (sopa)
Sal	1 pitada
Salsinha picada	1 colher (sopa)

MODO DE PREPARO

Refogue o peixe com a cenoura, o salsão, a cebola e o louro em pouca água.

À parte, cozinhe as batatas inteiras, com casca. Passe o peixe, a cenoura, o salsão, a cebola e as batatas descascadas na peneira.

Ajuste o sal, coloque a salsinha e amasse bem, formando a massa das almôndegas. Unte levemente a assadeira e asse no forno a 170-180 ºC.

Vire durante o cozimento.

DICA PARA O PREPARO

O peixe e os vegetais podem ser cozidos no vapor.

PEIXE COM SALADA DE BATATAS E AMÊNDOAS

INGREDIENTES

Peixe	400 g
Batata	3
Amêndoas	20 g
Alho-poró, cenoura, salsão, louro (para temperar)	
Azeite de oliva extravirgem	4 colheres (sopa)
Sal	1 pitada
Salsinha picada	1 colher (sopa)
Suco de 1 limão	

MODO DE PREPARO

Cozinhe o peixe em pouca água com os temperos por, aproximadamente, 15-20 minutos. Enquanto isso, cozinhe as batatas inteiras com a casca. Escorra o peixe e corte-o em tiras. Deixe as batatas esfriarem e corte-as em cubos. Prepare uma mistura com o azeite, o suco de limão, a salsinha picada e as amêndoas. Tempere o peixe e as batatas com isso: pode-se misturar tudo ou servi-los separadamente.

VARIAÇÃO

É possível incluir no prato algumas azeitonas verdes e pretas e outros vegetais mistos temperados (por exemplo: vagem, salada de folhas, pimentão, cenouras).

DICA PARA O PREPARO

O peixe pode ser assado no forno. As batatas podem ser cozidas no vapor.

ADRIANA

ALMÔNDEGAS DE LEGUMINOSAS

INGREDIENTES

Leguminosas secas	150 g
Cenoura	1/2
Cebolinha	1
Farinha de rosca	2 colheres (sopa)
Queijo parmesão	2 colheres (sopa)
Azeite de oliva extravirgem	1 colher (sopa)
Sal	1 pitada
Salsinha	1 colher (sopa)
Alecrim	1 ramo

MODO DE PREPARO

Coloque as leguminosas de molho por cerca de 12 horas. Escorra e enxágue as leguminosas, cozinhe-as com a cenoura, a cebolinha e o alecrim, colocando mais sal no fim do cozimento.

Escorra (dose a quantidade de água para que reste pouca) e peneire a mistura. Adicione à mistura a farinha de rosca, a salsinha e o queijo parmesão. Faça as almôndegas, passe-as na farinha de trigo e coloque-as na assadeira. Asse no forno a 180 ºC, virando-as, até a formação de uma casca fina. Regue com um fio de azeite.

VARIAÇÕES

É possível escolher a leguminosa ou a combinação de leguminosas por cor ou sabor que mais agradável às crianças (por exemplo: feijão-branco, lentilha, grão-de-bico etc.).

A batata cozida no vapor pode substituir a farinha de trigo em quantidade equivalente a 150-200 g para 10 crianças.

É possível colocar molho de tomate temperado com alho sobre as almôndegas.

DICA PARA O PREPARO

Os vegetais podem ser picados e acrescentados crus à massa de leguminosas passada na peneira.

As almôndegas podem ser retiradas com o auxílio de uma colher de sopa e uma colher para sorvete, ou pode ser utilizado um utensílio específico para almôndegas.

OMELETE AO FORNO COM VEGETAIS DA ESTAÇÃO

INGREDIENTES

Ovo	3-4
Queijo parmesão	2 colheres (sopa)
Vegetais da estação	200 g
Azeite de oliva extravirgem	1 colher (sopa)
Sal	1 pitada
Ervas aromáticas	a gosto

MODO DE PREPARO

Limpe, lave e corte os vegetais no formato desejado. Ferva-os ou cozinhe-os no vapor, até o ponto *al dente*. Se necessário, corte em pedaços menores os vegetais cozidos. Lave os ovos em água corrente.

À parte, bata os ovos com o queijo parmesão, uma pitada de sal e as ervas aromáticas escolhidas. Acrescente, também, os vegetais, coloque a mistura em uma assadeira levemente untada e deixe no forno a 170 ºC, por 30-40 minutos.

VARIAÇÃO

É possível acrescentar um pouco de farinha de rosca na mistura, se os vegetais ficarem muito aguados, e/ou adicionar molho branco vegetal (preparado com farinha de trigo e caldo de vegetais) para tornar o omelete mais macio.

DICA PARA O PREPARO

De acordo com o vegetal escolhido, o cozimento inicial pode ser evitado.

SALADA DE VEGETAIS MISTOS COM MILHO, NOZES E PARMESÃO

INGREDIENTES

Vegetais crus mistos (por exemplo: alface e/ou *radicchio*, cenoura, salsão e/ou erva-doce)	300 g
Batata	2
Milho (em lata)	80 g
Nozes	30 g
Lascas de parmesão	60 g
Maçã (opcional)	alguns pedaços
Azeite de oliva extravirgem	4 colheres (sopa)
Sal	1 pitada
Suco de limão/vinagre	

MODO DE PREPARO

Limpe, lave os vegetais escolhidos e deixe-os nos formatos desejados.

À parte, lave, descasque e cozinhe as batatas no vapor ou na panela de pressão.

Acrescente o milho, as nozes e a maçã (opcional). Tempere os vegetais misturados ou sirva-os separadamente. Cubra com as lascas de parmesão.

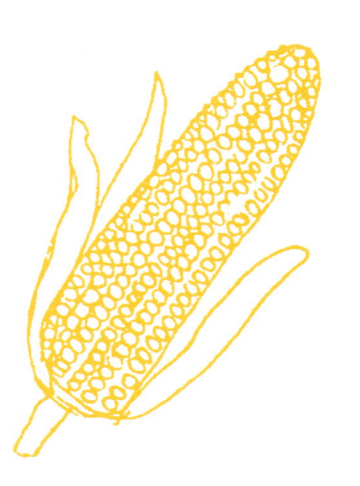

TRIO DE VEGETAIS COZIDOS

INGREDIENTES

Vegetais mistos	600 g
(exemplos de combinações:	
• ervilha, cenoura e erva-doce;	
• ervilha, cenoura e salsão;	
• ervilha, cenoura e batata;	
• batata, cenoura e feijão)	
Azeite de oliva extravirgem	4 colheres (sopa)
Sal	a gosto
Ervas aromáticas (orégano, louro, tomilho etc.)	a gosto

MODO DE PREPARO

Limpe e lave os vegetais. Corte-os no formato desejado. Se forem usados brócolis e couves-flores, deixe as flores visíveis.

As batatas devem ser cozidas no vapor.

Cozinhe outros vegetais por 10-15 minutos com as ervas aromáticas escolhidas. Os vegetais devem ficar *al dente*. Tempere com azeite e uma pitada de sal.

VARIAÇÕES

As combinações podem ser diferentes e variadas, de acordo com a estação.

Os vegetais mais utilizados são: cenoura, vagem, abobrinha, batata, ervilha, erva-doce, couve-flor, brócolis, abóbora.

As ervas aromáticas usadas também podem variar de acordo com a estação.

DICA PARA O PREPARO

É possível preparar os vegetais no forno e gratiná-los com uma salpicada de queijo parmesão.

{sobremesas

PUDIM

INGREDIENTES

Leite integral	500 ml
Açúcar	50 g
Farinha de trigo	70 g
Chocolate amargo	50 g

MODO DE PREPARO

Misture a farinha e o açúcar. Usando a batedeira, bata essa mistura com uma parte do leite (o suficiente para umidificar), que deve estar gelada.

Aqueça o leite restante e, quando estiver quase fervendo, acrescente o chocolate e a mistura, sem deixar grânulos. Leve ao cozimento completo, misturando sempre.

Coloque em copos e espere amornar.

CREME DE RICOTA E MALTE

INGREDIENTES

Fatias de pão	4
Ricota	200 g
Açúcar	30 g
Leite	meio copo (americano) ou o suficiente para deixar pastoso
Malte, cacau ou chocolate em pó	o necessário

MODO DE PREPARO

Bata a ricota, o açúcar e o malte (ou o cacau ou o chocolate em pó) com um pouco de leite no processador de alimentos. Passe no pão e sirva.

VARIAÇÕES

Sirva o creme em uma tigela com algumas amêndoas picadas, farinha de coco ou biscoito *amaretto*. Sirva sempre como acompanhamento de pão e biscoitos secos.

chocolate

ROSAS DO DESERTO

INGREDIENTES

Flocos de milho	200 g
Farinha de trigo	200 g
Fécula de batata	50 g
Açúcar	150 g
Manteiga	130 g
Ovo	2
Fermento em pó	1 envelope ou 1 colher (sopa)
Açúcar de confeiteiro	o necessário

MODO DE PREPARO

Amasse todos os ingredientes, exceto os flocos de milho, até formar uma massa mole. Com a ponta de uma colher, faça bolinhas e enrole-as nos flocos. Coloque-as em uma assadeira forrada com papel-manteiga, um pouco distantes entre si, e asse a 180 °C, por 10 minutos. Quando estiverem frias, polvilhe o açúcar de confeiteiro.

ROCAMBOLES

INGREDIENTES

Farinha de trigo	100 g
Açúcar	100 g
Ovo	4
Fermento em pó	1 envelope ou 1 colher (sopa)
Geleia	o suficiente
Casca ralada de 1 limão orgânico	

MODO DE PREPARO

Misture os ovos, o açúcar, a farinha, a casca de limão e o fermento. Forre uma assadeira de *pizza* de 40 × 25 cm com papel-manteiga e coloque a mistura, que deve ficar com uma altura de 1 a 1,5 cm. Asse a 180 °C por 10-15 minutos. Fora do forno, espalhe a geleia com a massa ainda quente e enrole, com a ajuda do papel-manteiga. Corte em fatias e sirva.

TORTA DE LIMÃO

INGREDIENTES

Farinha de trigo	300 g
Açúcar	150 g
Açúcar de confeiteiro	70 g
Ovo	3
Óleo	1 copo (americano)
Leite integral	1 copo (americano)
Fermento em pó	1 envelope ou 1 colher (sopa)
Sal	1 pitada
Casca ralada de 1 limão orgânico	
Suco de 2 limões	

MODO DE PREPARO

Bata as gemas com o açúcar, acrescente a casca ralada de limão, o leite, o óleo, a farinha, o fermento e as claras batidas em neve. Coloque na assadeira e asse a 180 °C, por 30 minutos.

Ao término, vire a torta e fure-a, para absorver a mistura do suco de limão com o açúcar de confeiteiro.

VARIAÇÕES

A torta pode ser guarnecida com frutas frescas da estação ou aromatizada com uma pitada de canela.

CIAMBELLA COM RICOTA

INGREDIENTES

Farinha de trigo	300 g
Açúcar	250 g
Ovo	3 (colocar a clara de um ovo à parte)
Ricota	250 g
Fermento em pó	1 envelope ou 1 colher (sopa)
Casca ralada de 1 limão orgânico	

MODO DE PREPARO

Amasse todos os ingredientes, exceto a clara de 1 ovo. A massa deve ficar bem macia e deve ser trabalhada rapidamente, com um pouco de farinha.

Coloque a massa em uma fôrma forrada com papel-manteiga e pincele a superfície com a clara batida em neve. Se desejar, salpique com uma mistura de açúcar e baunilha. Asse no forno a 160 °C, por 35-40 minutos.

MUFFINS

INGREDIENTES

Farinha de trigo	150 g
Farinha de milho	100 g
Açúcar	90 g
Ovo	1
Mirtilo fresco	100 g
Manteiga	90 g
Fermento em pó	1 envelope ou 1 colher (sopa)
Sal	1 pitada
Casca ralada de 1 limão ou de 1 laranja, orgânicos	
Leite	1/2 xícara*

MODO DE PREPARO

Em um recipiente, misture as duas farinhas com o fermento, o sal, o açúcar, a casca ralada e os mirtilos. Faça um buraco na mistura, e, nele, acrescente a manteiga derretida, o leite e o ovo. Misture tudo cuidadosamente, até formar uma massa densa. Tome cuidado para não misturar muito, caso contrário, o *muffin* pode ficar pesado.

Disponha na assadeira os copinhos de papel especiais para *muffins* e encha-os até a metade com a massa. Coloque no forno preaquecido, até quando os *muffins* estiverem bem fermentados e macios, se forem amassados levemente. O tempo indicado é de 20-25 minutos no forno a 200 ºC.

VARIAÇÕES

Os mirtilos podem ser substituídos por uvas-passas ou pedaços de chocolate.

A manteiga pode ser substituída por quantidade igual de óleo.

aniversário

* NT: Se necessário, pode-se acrescentar mais um pouco de leite, até chegar no ponto da massa densa.

TORTA DE CENOURA

INGREDIENTES

Fécula de batata	60 g
Açúcar	100 g
Ovo	3
Cenoura	150 g
Amêndoas não descascadas	100 g
Casca ralada de 1 limão orgânico	

MODO DE PREPARO

Misture as gemas com o açúcar, acrescente as cenouras raladas, as amêndoas picadas, a casca de limão e a fécula. Por último, adicione as claras batidas em neve. Despeje a mistura na assadeira e coloque no forno a 180 °C, por 45-50 minutos.

VARIAÇÕES

A torta de cenouras também pode ser preparada com 300 g de cenouras, 100 g de farinha integral, 30 g de óleo (por exemplo, óleo de girassol), 4 ovos, 150 g de açúcar, 150 g de mistura de cereais em flocos e frutas secas (granola), 2 colheres (chá) de fermento em pó e uma pitada de sal.

TORTA COM FARINHA DE CASTANHA

INGREDIENTES

Farinha de castanha	250 g
Açúcar	250 g
Manteiga	80 g
Ovo	4
Fermento em pó	1 envelope ou 1 colher (sopa)a

MODO DE PREPARO

Misture as gemas com o açúcar, acrescente a manteiga e amasse bem. Incorpore a farinha, as claras batidas em neve e, por último, o fermento. Coloque a mistura na fôrma e asse a 180 °C, por 40 minutos.

PÃO DOCE COM UVAS-PASSAS

INGREDIENTES

Farinha de trigo	600 g
Açúcar	100 g
Manteiga	50 g
Fermento biológico	1 cubo (15 g)
Leite morno	1/2 copo (americano)
Água morna	1/2 copo (americano)
Uva-passa	100 g

MODO DE PREPARO

Com 100 g da farinha, o fermento e meio copo de água, molde a massa no formato de pão. Deixe a massa crescer por cerca de 2 horas. Deixe as uvas-passas de molho e, posteriormente, seque-as. Acrescente o resto da farinha, o açúcar, a manteiga, o leite e as uvas-passas.

Deixe descansar por mais 1 hora. Deixe o pão em formato arredondado (tipo pão italiano), pincele a superfície com uma emulsão de ovo inteiro e 3-4 colheres (sopa) de leite. Coloque no forno preaquecido a 200 °C, por 30-40 minutos.

PÃO COM NOZES

INGREDIENTES

Farinha de trigo	500 g
Fermento biológico	1 cubo (15 g)
Leite integral morno	1 copo (americano)
Água morna	1 copo (americano)
Azeite de oliva extravirgem	8 colheres (sopa)
Nozes	50 g
Sal	2 colheres (chá)

MODO DE PREPARO

Faça um buraco na farinha e coloque o fermento, acrescente a água e o leite. Adicione o sal e o azeite, e misture. Amasse bem a massa, sem as nozes. Deixe crescer por cerca de 1 hora. Pique as nozes e incorpore-as à massa. Dê ao pão o formato desejado, deixe crescer por mais 1 hora e asse em forno preaquecido a 180 °C, por cerca de 30 minutos.

leite integral

manteiga

limão

cacau

COMBINAÇÃO DAS ERVAS AROMÁTICAS COM OS ALIMENTOS

Açafrão
Arroz, queijos (ricota, muçarela). Vegetais gratinados.

Alcaparras
Massas, risotos. Salada de arroz. Peixe, frango, muçarela, salada.

Alecrim
Legumes, peixe (merluza), carnes cozidas. Almôndegas, sopas, *focaccias*.

Alho
Macarrão com temperos, leguminosas, carnes brancas, vegetais.

Anis
Carnes brancas cozidas (sem cebola). Doces com farinha ou flocos (biscoitos).

Canela
Carnes cozidas. Doces com maçãs e peras. Chá.

Cerefólio
Saladas de arroz, de macarrão ou de vegetais.

Cravo
Nas carnes. Cozidos invernais.

Erva-doce
Receitas com azeitonas. Carnes, peixes e doces.

Estragão
Saladas de arroz, massas ou vegetais. Cru, sobre frango ou peixe.

FINOCCHIO

erva-doce

manjericão

BaSiLiCo

Hortelã

Crua ou no macarrão, na salada. Em sopas, com vegetais adocicados (abóbora, cenoura, beterraba). Com legumes (grãos-de-bico, feijões).

Louro

Macarrão ou risotos com vegetais e/ou peixes. Leguminosas. Carnes cozidas. Tortas de vegetais (alho-poró, cenoura, abóbora).

Manjericão

Massas, arroz. Todos os vegetais, exceto couves-flores e folhas verdes.

Manjerona

Nas carnes. Em cozidos de vegetais (todos). Pratos gratinados.

Noz-moscada

Doces. Molhos brancos. Pratos com farinha, inclusive salgadas. Nas carnes cozidas (no frango não).

Rúcula

Na salada, seja na primavera ou no verão.

Salsinha

Crua, em qualquer prato. Massas, risotos, almôndegas.

Sálvia

Idem alecrim. Tortas de vegetais.

Tomilho

Idem alecrim. Também em *pizzas*, saladas de arroz, massas com vegetais, tortas, vegetais gratinados.

tomilho

hortelã

sálvia

CONVITE

Convite

Atrás da "Piazza dei Leoni" tem um cheiro bom... Talvez de melancia ou de melão, de queijo também, de salame, de presunto... Todas as pessoas levam as sacolas de compras, bolsas, carteiras... Ouvimos o barulho dos saquinhos, dos saltos das pessoas... A feira é quadrada e, em volta, tem muitas casas. É cheia de gente: sentimos o cheiro de perfume das senhoras que passam, cheiro das pizzas e das tortas. Sentimos o cheiro de pão assado, cheiro de forno... [1]

A cidade de Reggio Emilia, desde sempre, aspira à criação de uma sensibilidade difundida sobre a cultura alimentar: colhe-se nas suas ruas, nas suas praças, presenças, mensagens, cores, perfumes que se relacionam à comida e tornam a cidade um lugar de sensibilidade gastronômica difundida. Reggio é uma cidade com vocação para a comida, para as tradições: pense no queijo *parmigiano reggiano*, no vinagre balsâmico, nos pratos típicos: *cappelletti*, *tortelli* de abóbora, *erbazzone*, torta de arroz etc.

Na história e na tradição, a comida assumiu, também, o valor de prática relacional e de acolhimento: em volta da mesa, compartilham-se ideias, projetos e colaborações nascem com mais facilidade.

A presença, nas Creches e nas Escolas da Infância, das cozinhas internas promoveu, ao longo do tempo, uma cultura da comida, que tende a tecer relações de qualidade entre tradição e inovação, gosto e saúde, mas, também, entre serviços educativos e comunidade da cidade. As cozinhas são locais de experiência e de investigação, abertos às crianças, aos adultos e à cidade.

---

(1) Fonte: Reggio tutta. *Una guida dei bambini alla città*, Reggio Children Editore, Reggio Emilia, 2000.
(2) Amelia Gambetti, Reggio Children.
(3) Fonte: carta de identidade da Associação Internacional Amigos de Reggio Children.

Jantar na Praça San Prospero, Reggio Emilia, na ocasião do Summer Istitute, julho 2006 – Reggio Children, Amigos de Reggio Children

ACOLHIMENTOS

"Há essa nova geografia cultural, de pessoas que aceitam compartilhar valores, uma geografia que vai além dos limites geográficos e cria uma rede entre pessoas que têm sensibilidade e ideais comuns..." Carla Rinaldi

No âmbito da formação e das trocas culturais, a Instituição Escolas e Creches da Infância e a Reggio Children acolheram Reggio Emilia, entre 1994 e 2007, além de 150 grupos em um total de 20 mil pessoas provenientes de mais de 90 países diferentes. São números que pedem para pensar, projetar e organizar as modalidades do acolhimento: *"O objetivo primário é conjugar o momento de estudo com ocasiões de devaneio e de relação com a cidade, que permitam aos participantes conhecerem também a cultura local."* (2)

Para sustentar esses pensamentos, a colaboração voluntária da associação Amigos de Reggio Children teve um papel importante ao longo desses anos. "Dentro da tradição reggiana de hospitalidade, interesse e abertura com relação a culturas e a experiências diferentes, a associação se ocupa, também, do acolhimento a todos aqueles que, por motivos variados, desejam encontrar e conhecer a experiência educativa reggiana."(3)

Nesse contexto geral, assume significado o encontro com a cultura gastronômica italiana e local e, em especial, com as cozinhas das Creches e das Escolas da Infância, mediante o acolhimento em cada creche e escola, que são ocasiões de laboratórios de cozinha e momentos de formação educativa.

Na escola com gosto
A qualidade do almoço na escola
Projeto de educação alimentar

CONVIVÊNCIA

NA ESCOLA COM GOSTO

É um projeto permanente de educação alimentar, que tem o objetivo de qualificar a oferta de refeição escolar na cidade. É promovido pelo município de Reggio Emilia – Departamento para as Políticas de Educação e de Formação – com a Instituição Escolas e Creches da Infância, em colaboração com a Cooperativa Italiana de Restaurantes (CIR) e o Serviço de Higiene, Alimentos e Nutrição (SIAN). O projeto também envolveu diversos sujeitos – os Museus Cívicos, as Bibliotecas Municipais, o cinema Rosebud e o restaurante Gargantuà.

Uma oportunidade para construir uma consciência cada vez mais amadurecida da cultura gastronômica, propondo percursos destinados à fruição e ao envolvimento das crianças, dos professores, dos pais e dos cidadãos. Foram envolvidas, ao longo dos anos, com modalidades diferentes, as Creches e as Escolas da Infância, as primárias e as secundárias de primeiro grau da cidade.

A experiência "Clube do gosto" realizada nas escolas primárias, que levou a uma reelaboração dos cardápios e à transformação dos espaços de refeição, foi documentada na publicação A scuola com gusto.
"Dentro das diversas propostas do projeto, as meninas e os meninos das escolas primárias foram convidados a mostrar seus saberes, seus hábitos, tanto familiares quanto escolares, suas culturas territoriais, suas capacidades relacionais, seu gosto estético e seu senso poético." (4)

(4) Tiziana Monticelli e Chiara Leoncini, *A scuola com gusto. La qualità del pranzo a scuola*, publicação com curadoria do município de Reggio Emilia, 2007.

DOCES DE REIS

A iniciativa visou tornar conhecida uma parte das receitas que são feitas nas Creches e nas Escolas da Infância cotidianamente, compartilhar uma cultura da comida e um percurso de educação alimentar. Aconteceram laboratórios de cozinha na Escola da Infância Diana, conduzidos pelas cozinheiras das creches e das escolas, uma ocasião para preparar e provar receitas deliciosas do cardápio dos serviços educativos.

E, além disso, fábulas para "mastigar" no café da manhã e no lanche... Narrações para crianças e famílias com tema gastronômico, feitas por pais e professores da Reggio-Narra e do Laboratório Teatral Gianni Rodari, realizados na Biblioteca Municipal Panizzi e nos Museus Cívicos.

RICIOCCOLONA

Na ocasião da festa anual da reciclagem criativa "Remida Day", em 2003, foi preparada pelos padeiros da cidade uma longa torta para ser saboreada ao ar livre, feita com pão seco e chocolate de ovos de Páscoa. Uma maneira diferente de abordar o tema da reciclagem e, ao mesmo tempo, de inovar as tradições da cozinha da cidade, dando um "doce sabor" à festa.

A "ricioccolona", que habitou o coração da cidade ao longo da Via Emilia,* nasceu de uma receita de Marta Ferrari, especialista na cozinha reggiana.

Doces de REIS
11 de novembro de 2006

Na escola com gosto

Laboratórios de cozinha na Escola da Infância Diana
Horário: 10 h - 12 h
Horário: 15 h - 18 h

Escola aberta
Horário: 10 h - 13 h
Horário: 15 h - 18 h

Você se diverte fazendo bolo, porque é uma coisa gentil
Vera
4 anos e 2 meses

Doces de REIS
11 de novembro de 2006

Na escola com gosto

Fábulas para mastigar no almoço e no lanche
Museus Cívicos
Horário: 16 h

Com a curadoria de ReggioNarra

É branco, e, depois, é feito de chocolatinho em cima, é feito de véus da esposa...
Tem bordados, talvez de creme de leite...
Maria Chiara
5 anos

* NE: Rua principal, histórica e mais antiga da cidade de Reggio Emilia.

Um futuro perfumado

Stefano Sturloni

Atelierista das Creches e Escolas da Infância
Instituição do Município de Reggio Emilia

A grama, quem ainda a percebe? Somente as crianças a navegam ainda com a curiosidade própria dos exploradores. E têm os seus motivos, porque, se olharmos bem, a grama é um continente repleto de surpresas, sobretudo quando as deixamos crescer. A vida prospera em uma infinidade de formas e de relações e, nessa pluralidade de versos, sem dúvidas, meninos e meninas procuram ecos de pertencimento, de parentesco. E não só em relação a joaninhas ou pintarroxos. Em qualquer lugar que reconhece uma expressão da vida, seja ela animal ou vegetal, elas descobrem caminhos de união com aquela trama de influências recíprocas que moldaram a paisagem que nos rodeia. Enfim, se somos o que somos, se sentimos como sentimos, devemos isso a tudo o que nos circunda e vice-versa.

Essa alma extensa, que atravessa os nossos limites e que deveria ser mantida espiritualmente firme na alteridade, nutre-se de sintonias, ou seja, da atitude de estar dentro de um jogo comunicativo feito de sinais, às vezes, muito sutis, que podemos perceber e fazer nossos, graças aos aparelhos sensoriais e de interpretação dos quais somos dotados. Cores, formas, perfumes, sabores constituem veículos de diálogo com as diferentes identidades naturais, mesmo aquelas taxonomicamente mais distantes. E se são inumeráveis os contos da grama guardados em um prado, imaginemos as variedades de escuta possíveis em um jardim aromático ou em uma horta, verdadeiros laboratórios de encontro entre a projetualidade do homem e da natureza.

Escola da Infância Allende

A presença de jardins nos pátios das creches e escolas constitui um traço de alto perfil educativo. Pensemos, nesse sentido, no que significa para as crianças cuidar de um pedaço de terra e ver crescer as plantas semeadas, acompanhar pessoal e conjuntamente as transformações, compreender como o ciclo vital de uma planta se alimenta de tempo e de expectativas, tanto deliciosamente contempladoras quanto operacionais. Pensemos em como a biodiversidade brota generosa de beleza sob os seus olhos, entre céu e terra, ávida de conexões, manifestando-se em cada espécie com particularidades que podem ser apreciadas pelas cores dos sentidos, relançando experiências de sensibilização para as pequenas diferenças, capazes de refinar a mente e as linguagens de cada um. Se também nos colocarmos dentro do aspecto do fornecimento dos alimentos, da preparação na cozinha, do retorno à mesa dos produtos obtidos, teremos sido capazes, adultos e crianças, juntos, com relação às prerrogativas naturais, de construir uma longa história, cuja consciência seja, talvez, o caminho mais elegante e eficaz para tecer os fios de uma coexistência sentimental, empática, de acolhimento recíproco, com a complexidade do mundo em que vivemos, objetivo primeiro de uma pedagogia inspirada no futuro.

A natureza é feita para nascer. A natureza é tudo o que sustenta o mundo. Daniele – 5 anos

O perfume é o vento que tem um pouco de sabor, um sabor feito pelo nariz. Federico – 5 anos e 3 meses

O perfume faz a beleza da flor. Caterina – 5 anos

O perfume nasce com o tempo... Samuele – 5 anos e 6 meses

Bibliografia gastronômica

HISTÓRIAS

Benevelli, A. e Serofilli, L., *Topolina e l'albero magico* (Vicenza: Il Punto d'Incontro, 2002).

Bergman, I., *Fanny e Alexander*, sceneggiatura.

Blixen, K., *Il pranzo di Babette, in Capricci del destino* (Milano: Feltrinelli, 1966).

Bulgakov, M., *Il maestro e Margherita* (Torino: Einaudi, 1967).

Calvino, I., *Il barone rampante* (Milano: Mondadori, 1957).

Calvino, I., *Sotto il sole giaguaro* (Milano: Garzanti, 1986).

Carrol, L., *Alice nel paese delle meraviglie* (Torino: Loescher, 1872).

Child, L., *Mai e poi mai mangerò i pomodori. Con Charlie e Lola* (Milano: Ape, 2004).

Cognolato, L., *La storia vera del verme Mela*, illustr. di G. Francella (Firenze: Giunti, 2005).

Giraldo, M.L., *Anna, ma che schifo i cavoletti*, illustr. di N. Bertelle (Cinisello Balsamo: San Paolo, 2002).

Grimm, J., *Hansel e Gretel e Cappuccetto Rosso*, in Fiabe (Torino: Einaudi, 1970).

Masini, B., *La superzucchina*, illustr. di F. Trabacchi (Padova: Edizioni Messaggero, 2003).

Munari, B., *Cappuccetto Giallo* (Mantova: Corraini, 2007).

Munari, B., *Cappuccetto Verde* (Mantova: Corraini, 2007).

Munari, B., *Le forchette di Munari* (Mantova: Corraini, 2000).

Munari, B., *Rose nell'insalata* (Mantova: Corraini, 2004).

Pilkey, D., *Un amico per dragone* (Casale Monferrato: Piemme, 1999).

Pizzetti, I., *Libereso, il giardiniere di Calvino* (Padova: Muzzio, 1993).

Possenti, E. e Landi, A., *Il re dei peri* (Cinisello Balsamo: San Paolo, 2001).

Prati, E., *Una sorpresa per il riccio*, illustr. di M. Campanella (Milano: Dami, 2004).

Proust, M., *Alla ricerca del tempo perduto* (Milano: Mondadori, 1962).

Quarzo, G., *Fiabe per frutta*, illustr. di R. Frattaroli (Firenze: Fatatrac, 2002).

Rabelais F., *Gargantua e Pantagruele* (Milano: Mondadori, 1961).

Roncaglia, S., *Incanti*, illustr. di A. Papini (Roma: Lapis, 2001).

Tolstoy, A., *La rapa gigante*, illustr. di N. Sharkey (Milano: Fabbri, 1999).

Vivarelli, A., *Le mele del principe*, illustr. di M.C. Lo Cascio (Genova: Happy Art, 1999).

Weninger, B., *Paolino, parola di coniglietto!*, illustr. di E. Tharlet (Milano: Nord-Sud, 2006).

Zimmermann, N., *Rosario coniglio temerario*, illustr. di G. Frély (Milano: Ape, 2003).

PENSAMENTOS E RECEITAS

Aa. Vv., *Domani è festa. Racconti con ricette, ricette come racconti* (Mantova: Corraini, 2005).

Aa. Vv., *Il cibo come cultura*, "I Quaderni di MicroMega" n. 5, novembre, 1999.

Aa. Vv., *Il cibo e l'impegno*, "I Quaderni di MicroMega" n. 4, ottobre, 2004.

Allende, I., *Afrodita* (Milano: Feltrinelli, 1998).

Bruner, J., *La cultura dell'educazione* (Milano: Feltrinelli, 1997).

Ceppi, G. e Zini, M. (a cura di), *Bambini, spazi, relazioni* (Reggio Emilia: Reggio Children, 1998).

D'Urso, V., *Le buone maniere* (Bologna: Il Mulino, 1997).

Dahlberg, G., Moss, P. e Pence, A., *Oltre la qualità nell'educazione e cura della prima infanzia* (Reggio Emilia: Reggio Children, 2003).

Degli Esposti, P., *Il cibo dalla modernità alla postmodernità* (Milano: Franco Angeli, 2004).

Diodato, L., *Il linguaggio del cibo* (Soveria Mannelli: Rubbettino, 2001).

Ferro-Luzzi, A. e Leclercq, C., "Nutritional surveillance: an outline", in **Van Der Heij, D.G., Löwik, M.R.H. e Ockhuizen, T.** (a cura di), *Food and nutrition policy in Europe* (Wageningen: Pudoc Scientific, 1993), pp. 113-117.

Fulghesu, G., *Alimentazione naturale dallo svezzamento all'adolescenza* (Milano: Tecniche Nuove, 2001).

Hangeldian, G., *Che pappa, dottore?* (Milano: Feltrinelli, 1996).

Hignard, L. e Pontoppidan, A., *La cucina di Robin Hood* (Milano: Motta Junior, 2002).

Hillman, J., *L'anima del mondo. Conversazione con Silvia Ronchey* (Milano: Rizzoli, 1999).

Juul, J., *Ragazzi, a tavola* (Milano: Feltrinelli, 2005).

Kostioukovitch, E., *Perché agli italiani piace parlare del cibo* (Milano: Sperling & Kupfer, 2006).

Krebs-Smith, S.M., Cook, A., Subar, A.F., Cleveland, L., Friday, J. e Kahle, L.L., "Fruit and vegetable intakes of children and adolescents in the United States", *Arc Pediatr Adolesc Med*, 1996, 150 (1), pp. 81-86.

Mezzera, S., *Alimentazione energetica per crescere il bambino in modo sano e naturale* (Firenze-Milano: Giunti Demetra, 2005).

Montanari, M. (a cura di), *Il mondo in cucina. Storia, identità, scambi* (Roma-Bari: Laterza, 2002).

Montanari, M., *Il cibo come cultura* (Roma-Bari: Laterza, 2004).

Natoli, S., *Parole della filosofia o Dell'arte di meditare* (Milano: Feltrinelli, 2004).

Niola, M., *Totem e ragù* (Napoli: Pironti, 1994).

Petrini, C., *Buono, pulito e giusto* (Torino: Einaudi, 2005).

Petrini, C., *Slow food revolution. Da Arcigola a Terra madre: una nuova cultura del cibo e della vita* (Milano: Rizzoli, 2005).

Petrini, C., *Slow food. Le ragioni del gusto* (Roma-Bari: Laterza, 2001).

Rigotti, F., *La filosofia in cucina. Piccola critica della ragion culinaria* (Bologna: Il Mulino, 1999).

Shiva, V., *Le guerre dell'acqua* (Milano: Feltrinelli, 2003).

Shiva, V., *Monocolture della mente: biodiversità, biotecnologia e agricoltura scientifica* (Torino: Bollati Boringhieri, 1995).

Toklas, A.B., *Il libro di cucina di Alice B. Toklas* (Milano: La Tartaruga, 1979).

Vazquez Montalban, M., *Ricette immorali* (Milano: Feltrinelli, 1992).

Zuccolo V., *I bambini mangiano per primi* (Mantova: Corraini, 2001).

BIBLIOGRAFIA VIRTUAL

www.aiab.it

www.biodiversita.info

www.ecoliteracy.org

www.edibleschoolyard.org

www.inran.it

www.iotf.org

www.navdanya.org

www.ortidipace.org

www.retegas.org

www.rethinkingschoollunch.org

www.slowfood.it

www.wikipedia.org

«Veja, lá embaixo, aqueles camponeses que distribuem, pelas árvores de umbu e pelas palmeiras, aquele pó de H2O Synt4? Antes, caía água sobre as plantas.»

«Mas como a água fazia para cair – pergunta a criança – se estava embaixo, nas estradas e nos vales?»

«Difícil de imaginar – diz o papai –, mas a água também caía do céu.»

Umberto Eco,
Se per bere s'inghiottirà una pillola ("Se, para beber, tomará um comprimido")

breve conto para Amref
(Fundação africana para a medicina e a pesquisa), no Dia Mundial da Água, 21 de março de 2005

Sobre o Livro

Formato: 21,0 × 22,5 cm
Mancha: 18,0 × 19,5 cm
Papel: couché 115 g
nº páginas: 116
Tiragem: 2.000 exemplares
1ª edição: 2015

 Este liuro segue o nouo
Acordo Ortográfico
da Língua Portuguesa

Equipe de Realização

Assistência editorial
Liris Tribuzzi

Assessoria editorial
Maria Apparecida F. M. Bussolotti

Edição de texto
Gerson Silva (Supervisão de revisão)
Roberta Heringer de Souza Villar (Preparação do original e copidesque)
Fernanda Fonseca e Gabriela Teixeira (Revisão)

Editoração eletrônica
Neili Dal Rovere (Diagramação de capa e miolo)

Impressão
Edelbra